어린이박물관

# 조선

### 글쓴이 정재훈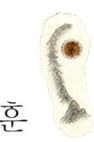

서울대학교 국사학과를 졸업하고 같은 학교에서 박사 학위를 받았습니다. 현재 경북대학교 사학과 교수로 재직중입니다.

펴낸책으로『조선의 국왕과 의례』,『조선 시대의 학파와 사상』,『세종의 국가 경영(공저)』,『미래를 여는 한국의 역사(공저)』등이 있습니다.

### 그린이 조은영

이화여자대학교에서 시각정보디자인을 전공하고, 시립대학교에서 일러스트레이션을 공부했습니다.

펴낸책으로『달려토토』가 있고, 2010년 BIB에서 그랑프리를 수상했습니다.

어린이박물관

# 조선

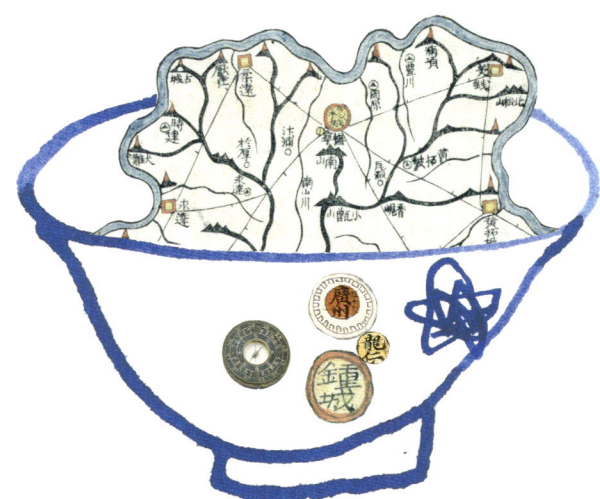

웅진주니어

**초대의 글**

어린이 여러분, 안녕하세요?

저는 어린이 여러분을 '조선'이라는 나라로 안내해 줄 사람입니다.

조선이라고 하면 아주 먼 옛날에 있던 나라인 것 같지요? 하지만 조선은 불과 100여 년 전까지 있었던 나라로, 여러분의 증조할아버지나 고조할아버지가 살았던 나라예요. 우리 주변 환경과 문화가 지금처럼 현대적으로 바뀌기 전에 한반도에서 가장 최근까지 있었던 나라였지요.

그런데 이 조선이라는 나라는 우리가 알고 있는 것 이상으로 근사한 역사와 문화를 만들었던 나라예요. 우리가 알고 있는 전통과 풍속들은 사실 조선 시대에 만들어진 것이 대부분이에요. 한글, 온돌, 김치, 한옥 등 우리가 '전통 문화'라고 하면 떠올리는 것들이 모두 조선 시대에 만들어진 것이랍니다. 또 서울에 있는 경복궁, 창덕궁 등 5개 궁궐도 이때 만들어진 것이지요.

조선 시대는 다른 시대에 비해 백성들의 생활이 안정적이었고, 이를 바탕으로 수준 높은 문화를 꽃피워서 『조선왕조실록』이나 『의궤』와 같이 훌륭한 책을 만들었어요. 또 다른 나라의 침략에 맞서 자그마치 500여 년이나 나라를 잘 유지했지요. 전 세계적으로 살펴보아도 이 시기에 이렇게 오랫동안 나라를 잘 유지한 나라는 거의 없답니다. 이런 점만 보아도 우리는 조선의 역사에 대해 자부심을 가져도 좋을 것 같아요.

　그런데 이런 조선이라는 나라에 대해 우리는 얼마나 알고 있을까요? 이제 어린이박물관을 통해 여러분을 조선 시대로 초대하려고 합니다. 이 책은 조선 시대의 방식대로, 조선을 하늘과 땅, 사람으로 나누어서 설명할 거예요. 조선이 얼마나 근사한 나라였는지, 그리고 얼마나 멋진 역사와 문화를 만든 나라였는지를 한번 체험해 볼까요?

2012년 3월
정재훈

차례　초대의글 4 | 조선이라는 말을 들어본 적 있나요? 8 |

山火市

천 하늘을 품에 안은 과학과 기술 16 |

지 땅을 수놓은 생활문화 40 |

인 사람의 혼이 담긴 사상과 예술 68 |

조선으로의 시간 여행을 마치며 92 | 찾아보기 98

## 조선이라는 말을 들어본 적 있나요?

조선 시대는 현재 우리나라의 전통문화가
만들어진 아주 중요한 시기입니다.
지금 이 책을 읽고 있는 여러분이 보는 한글도 바로
조선 시대에 만들어졌어요. 어디 그뿐인가요?
한복, 김치, 한옥 등 사람들이 살아가는 데 필요한
가장 기본적인 전통문화가 모두 조선 시대에 생겨났답니다.
이런 전통문화들은 누가 만들었고, 또 어떻게
바뀌어 갔을까요? 지금부터 그 해답을 찾아가 봐요.

조선은 우리 민족이 세운 나라 가운데서 매우 오래된 역사를 자랑한답니다. 모두 27명의 임금이 있었고,

1392년에서 1910년까지 무려 519년 동안 이어졌어요. 조선 바로 전에 있었던 나라는 고려인데,

고려는 34명의 임금으로 475년 동안 계속되었지요.

# 조선은  어떻게 탄생했을까요?

고려보다는 조선이 조금 더 오랫동안 지탱했던 거예요.

하나의 왕조가 500년 이상 이어진 경우는 세계 역사 전체를 살펴보아도 매우 드물답니다.

고려 시대 후반기에는 나라 안과 밖으로 큰 어려움이 있었어요. 나라 안으로는 귀족들의 권력 다툼으로 많은 백성들이 가난해지고, 고통을 받게 되었어요. 또 나라 밖으로는 몽골족이 세운 원나라의 간접 지배와 함께, 홍건적과 왜구의 침입도 여러 번 받게 되지요. 그래서 고려 시대 말에는 새로운 나라가 세워질 것이라는 말이 유행처럼 번지기도 해요. 이런 이유 때문일까요? 조선은 고려에 이어 '선양'이라는 방법으로 나라가 세워졌어요. 선양은 아직 살아 있는 임금이 다른 사람에게 스스로 왕위를 물려주는 평화적인 방법을 말해요. 거의 500년 만에 고려의 뒤를 이은 새로운 나라, 조선이 등장한 거예요!

그러면 나라 이름은 어떻게 정했을까요? 당시에는 새로운 나라를 세우면 명나라에 나라의 이름을 알리고 허락을 받아야만 했어요. '조선(朝鮮)'이라는 이름도 이런 과정을 거쳐서 결정되었어요. 조선의 태조 임금인 이성계는 명나라에 조선과 화녕(和寧)이라는 나라 이름 두 개를 후보로 올리고, 그 중 조선이라는 이름으로 허락을 받은 거예요.

오래 전 단군이 세운 조선을 새로운 나라의 이름으로 삼은 까닭은

더 이상 고구려, 백제, 신라와 같이 여러 나라로 나뉘지 말고

하나의 나라로서 발전하자는 깊은 뜻이 숨어 있었어요.

게다가 이미 고려 시대 말부터 우리 민족이 세운 첫 번째 나라는

단군이 세운 조선이라는 생각이 사람들 사이에 널리 퍼져 있었어요.

이로 미루어 볼 때, 이미 조선이라는 이름으로 결정을 해 놓고 명나라로부터

형식적인 허락을 받은 것임을 짐작할 수 있답니다.

이렇게 탄생한 조선 시대에서는 하늘과 땅, 사람이 서로 연결되어 있다고 생각했어요. 왜 그렇게 생각했을까요?

현대 과학에서는 비가 오고, 바람이 불고, 천둥이 치는 등 날씨 변화와 사람의 행동 사이에 특별한 관계는 없다고 설명하지요.

하지만 조선 시대에는 하늘의 변화와 사람의 행동 사이에 깊은 관련이 있다고 생각했어요. 오랫동안 가뭄이 들거나 갑자기 홍수가 나면 임금이 나쁜 행동을 해서 그런 것이고, 마을에 풍년이 들면 효자, 효녀가 있기 때문이라고 생각했던 거예요.

중요한 것은 하늘에서 일어나는 작은 일조차도 사람들의 생활과 연결해,

사람들의 삶을 항상 좋은 쪽으로 이끌어 가려고 했던 점이랍니다.

비록 현대의 지식으로는 이상하게 느껴질지도 모르지만 조선 시대 사람들의 생각을

반드시 과학적으로만 바라볼 필요는 없을 거예요.

지금도 우리는 나쁜 행동을 하는 사람들에게 '벼락이나 맞아라' 라고

종종 이야기를 하니까요. 그럼 지금부터 하늘과 땅, 사람이 어우러진 나라,

조선의 흔적을 찾아가 볼까요?

하 늘 천

## 하늘을 품에 안은
# 과학과 기술

조선 시대에 하늘은 참으로 커다란 존재였어요. 밤하늘을 살펴 세상일을 예측하고,
햇빛, 비, 바람 등 날씨를 관찰해서 농사를 짓고, 하늘을 보고 시간을 맞춰 생활했답니다.
덕분에 조선 시대에는 과학과 기술이 크게 발전했어요.
이렇게 발달한 과학과 기술을 한번 살펴봐요.

# 하늘을 살펴 세상일을 알아요

조선 시대에 밤하늘을 관측하여 별자리 모습을 그린 다음, 그것을 흑요석에 새긴 것이 「천상열차분야지도」예요. 이름이 매우 특이하지요? 지도는 지도인데, 우리가 타고 다니는 열차처럼 그려서 열차 지도일까요? 그런 뜻은 아니에요. '천상'이라는 말은 말 그대로 하늘의 모습, 즉 하늘에서 볼 수 있는 별과 별자리를 가르키지요. 그리고 '열차'는 하늘을 12개로 나누어 차례대로 벌여 놓았다는 뜻이에요. '분야'는 땅을 별자리와의 관계에 따라 일정하게 나누어 놓은 것을 가리키지요. 곧 「천상열차분야지도」라는 이름은 하늘의 별자리를 12개로 나누고 땅과의 관계에 맞추어 차례로 나열해 놓은 천문도라는 뜻이에요.

중국에서는 비슷한 유물을 가리켜 단순하게 천문도라고 부르는 것에 비해 아주 길고 재미있는 이름이 붙어 있는 셈이에요. 「천상열차분야지도」는 13세기 중국에서 만든 돌에 새긴 천문도에 이어 세계에서 두 번째로 오래된 귀중한 유물이랍니다.

조선 시대 별자리를 흑요석에 새긴 「천상열차분야지도」 각석이에요. 원본은 시간이 흐르면서 흐릿해져서 이제 눈으로 봐서는 잘 알아볼 수가 없어요. 그래서 각석을 복원하기도 해요. 위 사진이 바로 각석을 복원하여 다시 새긴 복각본이에요.

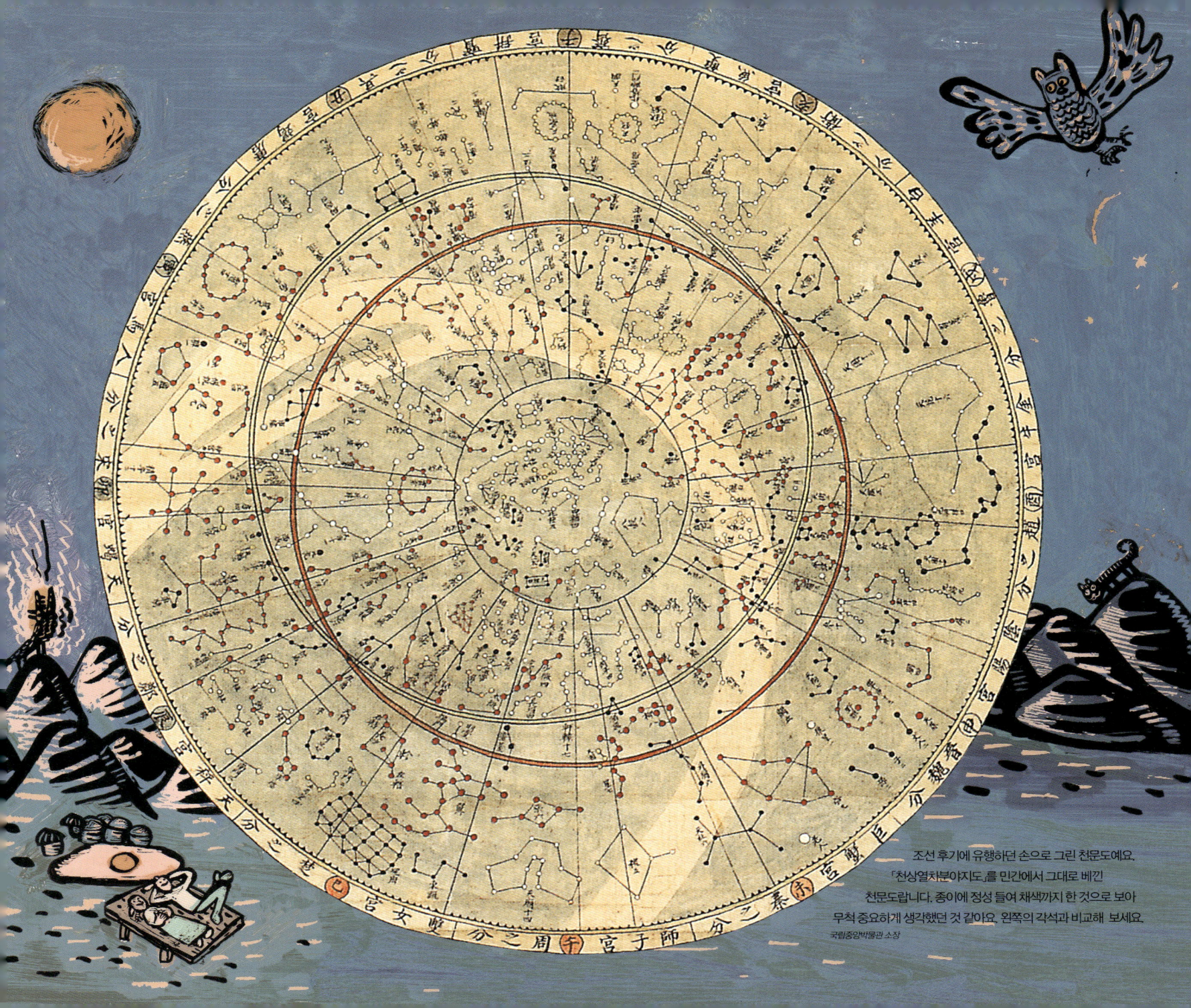

조선 후기에 유행하던 손으로 그린 천문도예요.
「천상열차분야지도」를 민간에서 그대로 베낀
천문도랍니다. 종이에 정성 들여 채색까지 한 것으로 보아
무척 중요하게 생각했던 것 같아요. 왼쪽의 각석과 비교해 보세요.
국립중앙박물관 소장

「천상열차분야지도」에 표현된 별자리는 실제 별자리라고 해요. 그러면 당시 우리나라 어느 장소에서 관찰했다는 뜻인데, 과연 어디에서 관찰한 것일까요? 아마도 조선 시대의 수도인 한양, 곧 지금의 서울에서 별자리를 관측하여 하늘의 모습을 그렸을 거예요. 별자리를 관찰하던 관청인 관상감이 한양에 있었으니까요. 그런데 이 천문도의 모델이 되었던 것은 고구려 때 천문도라고 조선 초기 학자였던 권근이라는 분이 밝히고 있어요. 따라서 「천상분야열차지도」에 보이는 하늘은 고구려 때부터 보았던 하늘이 조선 시대까지 이어져 내려온 것임을 알 수 있답니다.

그러면 「천상열차분야지도」에 그려진 천문도는 어디에 어떻게 사용되었을까요? 옛날 사람들은 주변에서 일어나는 모든 일이 하늘에서 볼 수 있는 것들과 깊은 관계가 있다고 믿었어요. 중요한 일이면 중요한 일일수록 하늘을 관찰해서 알 수 있다고 믿었지요. 물론 조선 시대에도 마찬가지였어요. 하늘, 즉 해와 달 그리고 별의 변화는 그것과 관계가 있는 사람과 사회의 변화를 미리 알려 주는 징표로 받아들였어요. 예를 들어 '천상'이라는 별자리는 임금님의 침대를 뜻하는데, 하늘에 잠깐 나타나는 별인 '객성'이 천상 별자리에 접근하면 자객이 임금님을 해칠 위험이 있다고 보았던 거예요.

이처럼 천문도는 단지 별자리를 바라보고 관찰하는 데에서 그치는 것이 아니라, 하늘을 받들며 올바르게 정치하라는 의미를 담고 있었어요. 하늘과 땅, 사람의 삶을 서로 관련이 있는 것으로 생각하고, 경건하게 살려고 했던 것이죠. 사람들의 삶을 올바르게 이끌려는 뜻을 담은 것이 바로 「천상열차분야지도」였답니다.

영릉에 복원된 관천대예요. 조선 시대에 천문을 관찰하던 곳이지요.

조선 시대에는 꼬리가 없는 혜성이나 갑자기 나타났다 사라지는 신성을 '객성'이라고 불렀어요. 함께 사는 가족이 아닌, 손님처럼 왔다가 금세 가버린다고 해서 '손님 객(客)' 자를 써서 표현한 거예요. 혜성이라는 표현보다 훨씬 재미있게 느껴지지 않나요?

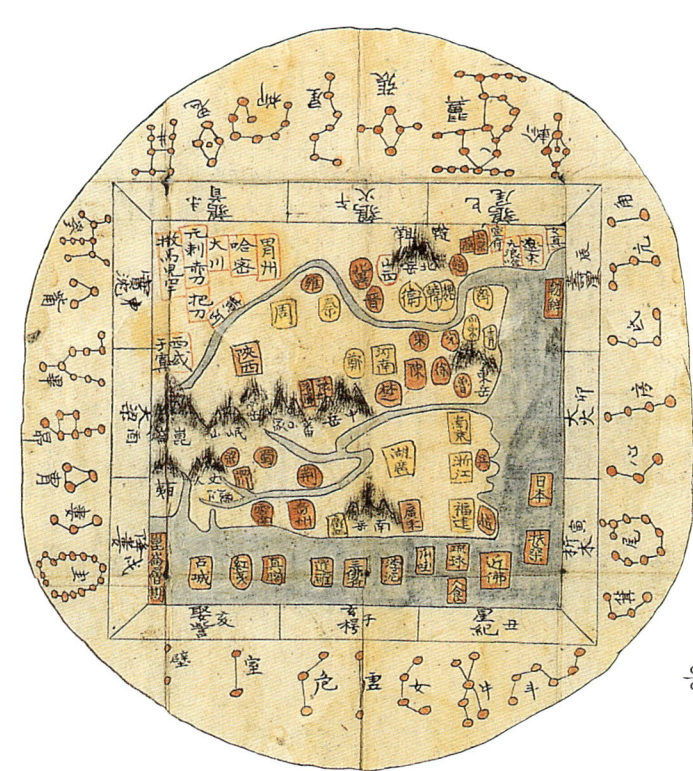

조선 후기에 만들어진 「천지도」예요. 하늘의 별자리와 땅을 함께 그린 세계 지도랍니다.
사방에 28수의 별자리가 있고, 가운데 땅 부분은 중국 중심으로 묘사되어 있어요.

조선에는 「천상열차분야지도」 이외에도 비슷하게 그려진 천지도나 천문도가 많이 있었어요. 또 조선 후기에 서양의 천문학이 조선으로 들어오면서, 그 영향을 받아 만들어진 천문도도 있어요. 그러면 이러한 천문도는 어떻게 만들었을까요? 또 실제 밤하늘을 관찰해서 별을 살펴봐야 할 텐데, 그때 사용된 도구는 어떤 것이 있었을까요?

간의, 소간의, 일성정시의 등이 관측에 사용된 대표적인 기구예요. 이 중에서도 간의는 해시계·물시계·혼천의(천문 시계)와 함께 조선의 천문대에 설치한 가장 중요한 천문 관측기구로, 오늘날 우리가 사용하는 각도기의 구조와 비슷해요. 간의는 원래 중국 고대부터 있었던 혼천의의 구조를 비슷하게 따르면서, 아랍의 천문 관측기구였던 토르퀘툼의 원리를 응용했답니다.

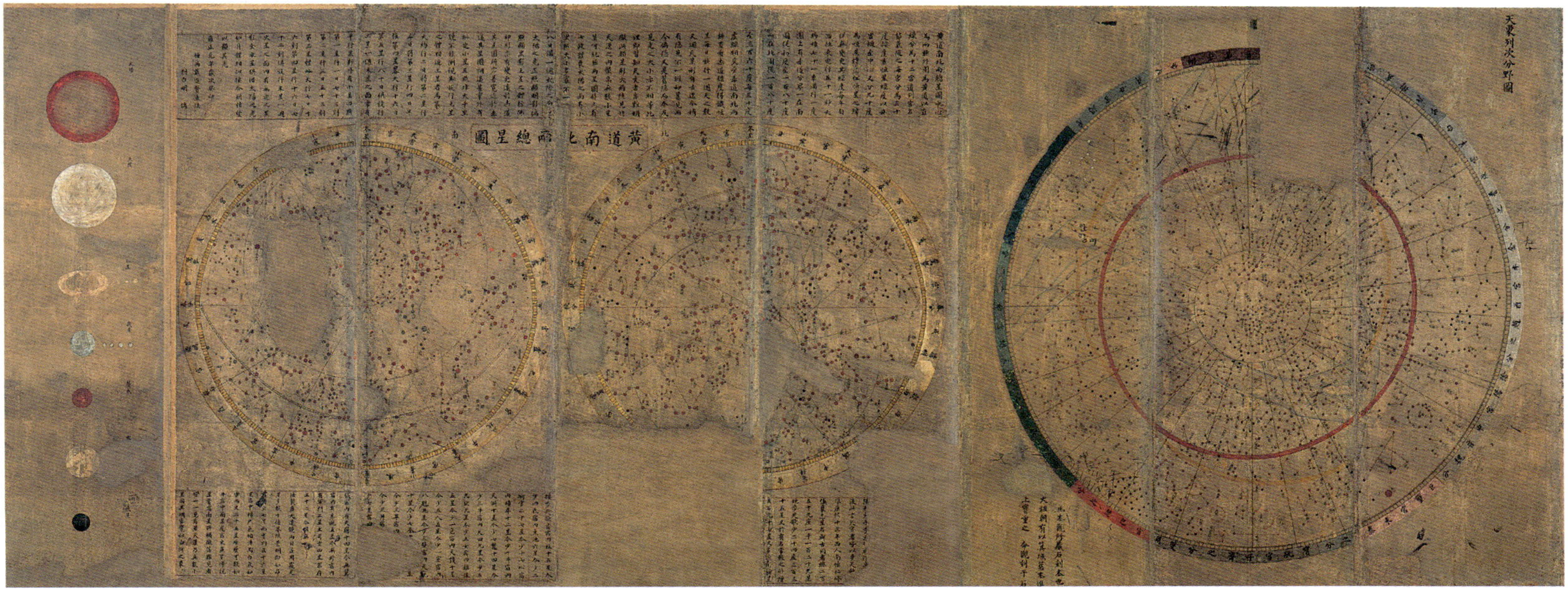

8폭의 병풍에 그려진 「신・구법천문도」예요. 오른쪽 3폭에 우리나라의 전통적인 천문도인 「천상열차분야지도」가, 가운데 4폭에 서양 천문도를 받아들여서 만든 「신법천문도」가 그려져 있어요. 가장 왼쪽 그림은 해와 달, 그리고 태양계의 다섯 행성을 나타내는 「일월오성도」예요. 조선 시대 천문과 날씨의 관측을 맡았던 관상감에서 17세기에 만든 거예요. 국립중앙박물관 소장

## 혼천의는 어디에서 볼 수 있나요?

혼천의는 우리 주변에서 아주 쉽게 찾아볼 수 있어요. 심지어 새롭게 발행된 대한민국 만원권 뒷면에도 실려 있답니다! 먼 데에서 찾을 것이 아니라 우리 주변 아주 가까운 곳에 혼천의가 있는 거예요.

중국 『서경』이라는 책에 나와 있는 혼천의의 구조를 그린 그림이에요. 가장 기본적인 천문 관측기구이지요. 책에 따르면 기원전 2세기경에 중국에서 처음 제작되었다고 해요. 우리나라에서는 1433년(세종 15년)에 만들었다는 기록이 전해지고 있어요.

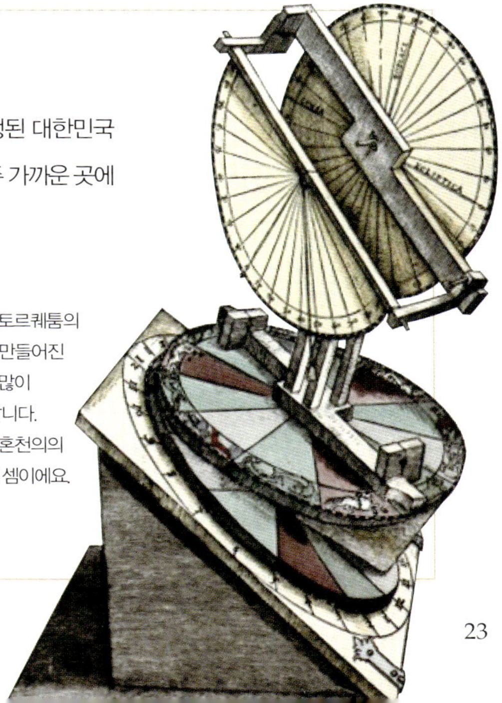

1540년경 아랍에서 제작한 토르퀘툼의 모습이에요. 12세기에 처음 만들어진 토르퀘툼의 모양은 간의와 많이 다르지만, 원리는 거의 같답니다. 간의는 토르퀘툼의 원리와 혼천의의 구조를 따라서 만든 기구인 셈이에요.

이 간의를 이용해서 하늘을 12개로 나누는 선인 적도의 위치를 찾기도 하고, 시각을 알기도 하고, 해가 질 때와 해가 뜰 때 하늘 정남쪽에 보이는 별인 중성(中星)을 정하기도 했어요. 이처럼 많은 일을 하는 간의는 조선 시대에 가장 중요한 천문 관측기구였어요. 그래서 간의를 개량한 기구들이 많이 만들어져요. 소간의는 간의를 휴대하기 편하게 크기를 줄여 구리로 다리를 만들고, 받침대 둘레에 일종의 도랑과 같은 홈을 판 것이에요.

일정성시의예요. 낮에는 해를, 밤에는 북극성을 기준으로 시간을 재는 기구랍니다. 높이는 약 150센티미터 정도예요.

간의는 받침대가 긴 쪽이 약 3.7미터, 짧은 쪽도 2.5미터나 될 정도로 크답니다. 자세히 살펴보면 받침대에 홈이 파져 있어요. 관측하기 전에 이 홈에 물을 부어서 어느 한 쪽으로 물이 넘치지 않는지 살펴보고 수평을 맞추었어요. 일정성시의와 소간의도 비슷한 방법으로 수평을 맞추었지요.

일정성시의도 소간의와 비슷한 방법으로 만들었어요. 간의에서 적도를 찾는 장치만을 따로 떼어내어 개량한 기구인데, 낮과 밤의 시각을 측정하는 전용 시계로 사용되었지요.

영릉에 복원되어 전시중인 소간의예요. 소간의는 간의를 관천대 위에 놓고 관측하기 위해 작고 편리하게 만든 기구예요.

세종대왕릉인 영릉에 복원되어 전시중인 혼천의예요.

## 조선 시대 관측기구들을 한눈에 볼 수 있는 곳은 없을까요?

경기도 여주에 있는 세종대왕릉인 영릉에 가면, 조선 시대 최첨단 과학 기구들의 복원품을 볼 수 있답니다. 이와 같은 관측기구들이 영릉에 전시되어 있는 이유는 대부분의 기구들이 세종대왕 시대에 만들어졌기 때문이에요. 당시 세종대왕은 이들 관측기구를 경복궁 내에 설치했어요. 간의는 경회루의 북쪽에 거대한 받침돌을 쌓아 그 위에 설치했고, 소간의는 두 개를 만들어 하나는 서원관에, 다른 하나는 경복궁 천추전 서쪽에 설치했답니다.

세종대왕릉인 영릉의 모습이에요. 조선 시대 과학 기구들은 영릉의 입구인 훈민문 앞에서 볼 수 있어요.

# 날씨를 관찰해서 농사를 지어요

　조선 시대에 날씨를 관찰하는 데에는 어떤 도구가 사용되었을까요? 가장 대표적인 기상 관측 기구로 비의 양을 재는 측우기와 하천의 물 높이를 알려 주는 수표 등을 들 수 있어요. 눈, 우박, 안개 등의 변화보다도 비가 얼마만큼 왔는지를 아는 것은 훨씬 더 중요한 일이었어요. 왜냐하면 비의 양이 바로 농사가 잘될 것인지 안될 것인지를 가늠하는 기준이었기 때문이에요. 농업은 조선 시대를 대표하는 산업이었거든요. 비가 알맞게 오면 농사가 잘 되어 풍년이 들고, 비가 적게 오거나 너무 많이 오면 흉년을 걱정해야 했던 것이지요.

　비의 양을 재는 대표적인 기구였던 측우기는 1441년(세종 23년)에 발명되어 사용되었어요. 측우기는 이탈리아 사람인 카스텔리가 만든 서양 최초의 우량계보다 무려 200여 년 정도 앞선 세계 최초의 강우량 측정 기구예요. 측우기의 사용은 하늘을 쳐다보면서 눈으로 대강 날씨를 살피던 기초적인 방법에서 벗어나 과학적으로 비의 양의 재기 시작했다는 사실을 알려 준답니다.

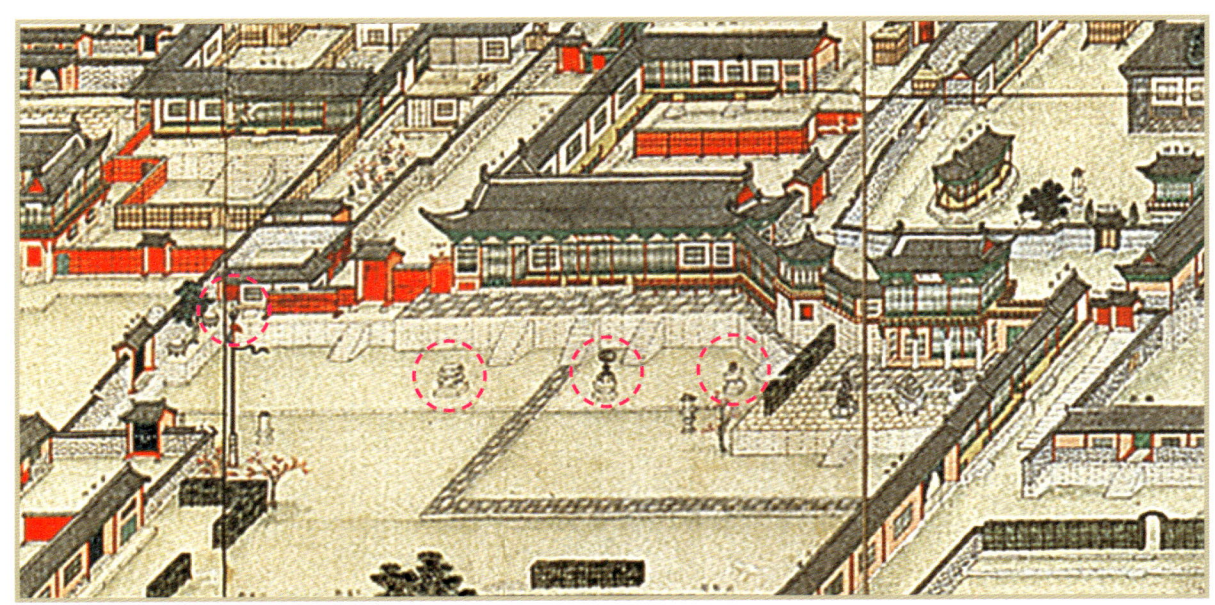

19세기에 그린 것으로 전해지는 「동궐도」(부분)예요. 여기에서 여러 가지 기상 관측 기구를 찾아볼 수 있어요. 먼저 제일 오른쪽에 있는 기구는 무엇일까요? 비의 양을 재는 측우기랍니다. 그 왼쪽 옆에는 혼천의가 받침대 위에 올려져 있고, 그 왼쪽에 해시계가 있어요. 그림 가장 왼쪽 장대 위에는 바람의 방향과 세기를 알 수 있는 풍기대를 찾아볼 수 있지요. 이처럼 조선 시대에는 대부분의 기상 관측 기구들이 궁궐 내에 있었어요. 조선 시대에는 하늘과 임금이 매우 가까운 곳에 있었던 셈이지요.

1770년 이후 서울에서 비의 양을 관찰한 기록은 조선 시대 것만 140년 치가 남아 있어요. 현대의 것까지 합하면 210년 이상 비의 양을 관찰한 기록이 남아 있는 것인데, 이 역시 세계에서 가장 오래 지속된 비의 양 관찰 기록이에요. 측우기는 처음에는 철로 만들었어요. 모양은 원통형이고, 깊이 약 41센티미터, 지름은 약 16센티미터 정도의 크기예요. 돌로 만든 대인 측우대 위에 올려놓고 비가 온 뒤 측우기 속에 고인 빗물을 자로 재어 비의 양을 측정했는데, 눈금을 푼(分, 지금의 약 2밀리미터 정도)까지 적을 정도로 상세하게 기록하여 보고했어요. 조선 후기에는 철 대신 구리로 측우기를 만들었어요.

측우기는 3단 조립식이기 때문에 비가 조금 왔을 때는 단을 분리해서 비의 양을 잴 수도 있었어요.

대구 감영 선화당의 앞마당에 있던 측우대예요. 1770년 5월, 영조 시절에 만들었다는 내용이 글로 새겨져 있어요. 측우기는 없이 화강암으로 만들어진 측우대만 발견되었어요. 현재 기상청에 보관되어 있답니다.

고려 시대에 비의 양을 재던 우량기예요. 1214년에 만들어졌어요. 조선 시대 측우기와는 생긴 모양이 조금 다르지만, 비의 양을 재는 원리는 같아요.

1837년 만들어진 금영측우기 복원품이에요. 충청도 공주 금영에서 만들어서 이름이 금영측우기예요. 3단 조립식이고 청동으로 만들었지요. 크기는 높이가 약 32센티미터, 지름은 약 15센티미터 정도예요. 생각보다 크지요? 무게도 6.2킬로그램이나 나간답니다.

1591년에 제작된 것으로 알려진 경상좌수영측우기예요. 청동으로 만든 측우기랍니다.

조선 시대에는 서울의 관상감(지금의 기상청)과 각 도의 감영까지 모두 측우기를 설치했어요. 이런 곳에서는 자기나 와기로 된 측우기도 사용했답니다. 15세기에 전국 각지에 측우기를 설치해 전국적인 비의 양을 관찰하고 이를 기록으로 남겼다는 것은 세계적으로 매우 드문 일이지요.

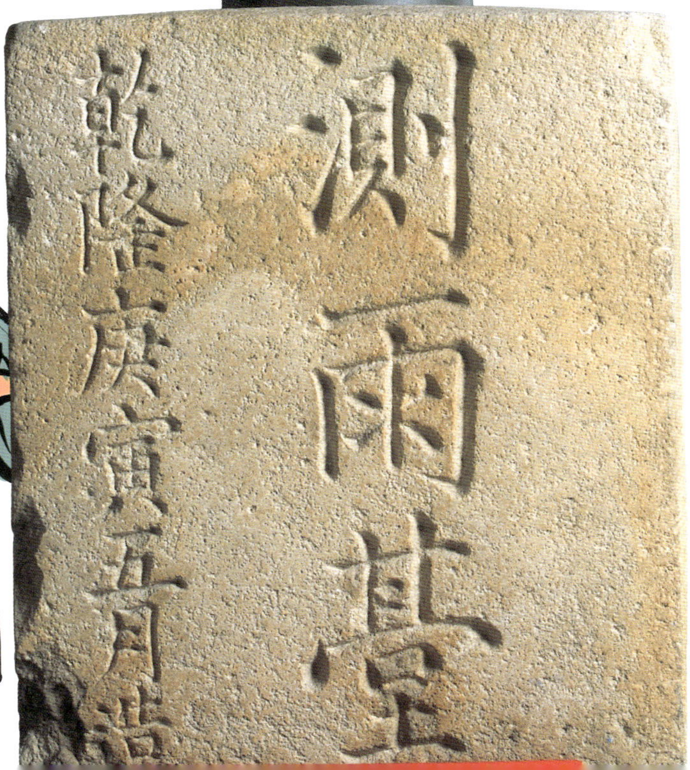

『조선왕조실록』에 따르면 측우기를 발명한 사람은 세종의 맏아들인 문종으로 알려져 있어요. 1441년에 발명했고, 1442년에 전국에 설치해 비 온 양을 보고하도록 했답니다. 사진은 선화당 측우대의 뒷면이에요. 측우기를 만든 시기가 한문으로 적혀 있는 것을 볼 수 있어요.

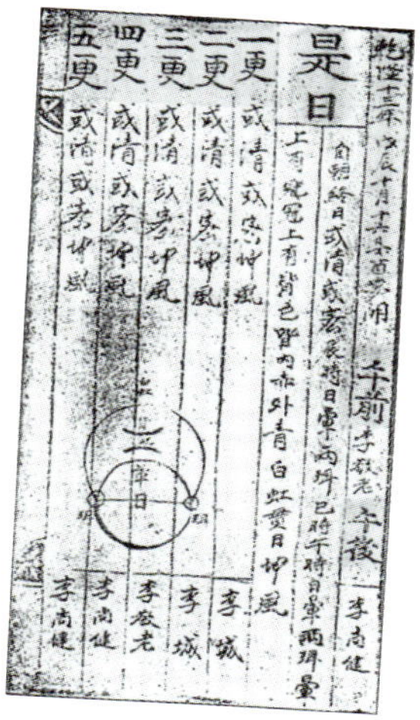

관상감에서 기록하던 『풍운기』예요. 담당자를 정해 시간별로 날씨의 관측 결과를 적도록 했어요.

조선 시대에 사용하던 여러 종류의 자예요. 지금 우리가 쓰는 자와 거의 비슷하게 생겼지요? 이런 자를 이용해서 측우기에 담긴 비의 양을 재었어요. 국립중앙박물관 소장

비가 많이 와서 빗물이 모이면 하천을 이루는 물의 양이 크게 늘어나게 되지요. 여름철에 소나기가 내리면 강물이 순식간에 불어나는 것을 본 적이 있을 거예요. 조선 시대에도 이렇게 불어나는 하천의 물 높이를 잴 수 있는 기구가 있었는데, 바로 수표(水標)였어요.

수표를 관찰하면 강물이 넘치는 것을 미리 알 수 있었어요. 그래서 측우기와 함께 설치했어요. 처음에는 나무로 만든 수표를 청계천의 마전교 서쪽 물속과 한강변의 바위 위에 놓아 두었어요. 하지만 물에 잠긴 나무가 썩는 등 여러 문제가 생겨서 돌로 만든 수표로 교체했지요. 수표에 의해 관측된 강우량은 조선 전기 성종 때 이후로 잘 기록하지 않다가, 임진왜란 이후 활발해져 조선 후기에는 빠짐없이 기록했어요.

영조 시절 청계천에서 하천의 밑바닥을 파내던 행사를 기록한 '준천시사열무도'예요. 비가 오더라도 하천이 넘치지 않도록 강바닥을 긁어내는 작업이지요. 홍수를 막는 일은 왕이 직접 행차하여 감독할 정도로 중요한 일이었어요.

수표가 설치된 수표교는 청계천을 건너는 다리 역할도 했지만, 홍수의 조절을 위해 물의 양을 미리 알려 주는 중요한 일도 함께 했어요. 강이 넘칠 때 다리를 건너면 무척 위험하니까, 사람들에게 위험을 알려 주는 역할도 할 수 있었고요.

지금도 여름철에 집중 호우로 비가 많이 올 때면, 텔레비전에서 하는 날씨 뉴스를 주의 깊게 살펴보세요. 진행자가 서울 잠수교에 그려진 눈금 앞에서 비가 얼마나 많이 왔는지 알려 주는 장면을 종종 볼 수 있답니다. 조선 시대에 사용하던 강물의 높이를 재는 방법을 지금도 쓰고 있다니, 신기하지 않나요?

### 청계천에 지금도 수표교가 있나요?

청계천에는 조선 시대에 수표가 있었던 다리인 수표교가 있었어요. 전에는 마전교라고 불렸지요. 마전교라는 이름은 이 다리 근처에 소나 말을 파는 상점인 우마전이 있었기 때문에 붙게 되었는데, 마전교에 수표가 놓인 다음부터는 수표교라고 불리게 된 것이지요. 지금 이 수표교는 어디에 있을까요? 아직도 청계천에 있을까요? 아니에요. 청계천을 덮어 도로를 만들면서, 수표교는 서울 장충단 공원 입구로 옮겨져서 현재까지 거기에 있어요. 청계천을 복원하면서 수표교도 원래 있던 자리 그대로 복원했으면 좋았을 텐데, 아쉽게도 아직 장충단 공원 입구에 있답니다.

어? 이상해요. 청계천에 있던 수표교의 다리 부분에 한자가 쓰여 있어요. 왜 글자가 쓰여 있을까요? 조선 시대에는 경-진-지-평 네 글자 사이 어디까지 물이 찼는지를 살펴 물이 불어난 정도를 확인했답니다. 글자가 눈금 역할을 했던 것이지요. 오늘날 한강 잠수교에도 한강 수위를 확인할 수 있는 눈금이 다리에 있어요. 조선 시대나 지금이나 비슷한 것 같지 않나요?

수표교와 수표예요. 수표는 다리에 새겨진 글자로 물의 양을 살피기 전에 눈금 역할을 하던 기준이었어요. 수표를 잘 살펴보면 가로로 새겨진 눈금과, 한문으로 쓴 숫자를 볼 수 있어요. 사진에서 보는 것처럼 1900년대 초반까지도 청계천에 수표교와 수표는 함께 있었어요. 하지만 지금은 따로 전시되어 있지요.

## 시간에 맞춰 대문을 열어요

학교에서 가장 즐거운 시간은 언제일까요? 맞아요, 바로 쉬는 시간이에요. 그렇다면 쉬는 시간은 몇 분? 대부분 10분일 거예요. 40분 수업에, 10분 쉬는 시간. 이처럼 지금 우리는 대부분 10분 단위로 시간을 지키며 생활을 하고 있어요. 하지만 조선 시대에는 지금처럼 시간을 분 단위로 다투고 살지 않았어요. 분 단위, 초 단위로 바쁜 일들이 그렇게 많지 않았기 때문에, 시간을 나누는 것도 지금으로 치면 2시간 단위로 생각했지요.

하루 24시간을 12시로 나누어 자·축·인·묘·진·사·오·미·신·유·술·해시로 불렀어요. 예를 들어 자시는 밤 11시부터 새벽 1시 사이를 가리키고, 축시는 새벽 1시에서 새벽 3시까지, 오시는 오전 11시부터 오후 1시까지를 가리켜요. 그래서 우리는 지금도 밤 12시를 자정이라고 하고, 낮 12시를 정오라고 부르는 거예요.

물론 2시간 단위만 있는 것은 아니었고, 그 아래로 각(刻)이라는 단위가 있었는데, 각은 지금으로 치면 15분 정도였어요. 조선 시대에는 15분 이하로는 잘 구분을 하지 않았어요. 이것은 곧 15분 이하의 시간 단위는 별로 구애 받을 필요가 없었다는 뜻이에요. 생각해 보면 조선 시대에는 지금보다 시간에 대해 훨씬 여유가 있었다고 할 수 있겠네요.

1434년인 세종 16년, 처음으로 앙부일구(해시계)를 지금의 광화문 광장 앞 대로변과 종묘 앞에 설치했다고 해요. ● 모양이 앙부일구가 있던 자리이고, ★ 모양이 시간을 알려 주던 북이 있던 자리예요.

그러면 조선 시대 사람들은 시간을 어떻게 알았을까요? 지금처럼 몇 시 몇 분인지 쉽게 알 수 있었을까요? 또 지금처럼 휴대가 간편한 손목시계나 어두운 데서도 잘 보이는 전자시계가 없었을 텐데, 불편하지 않았을까요?

조선 시대에도 여러 방법으로 시간을 알 수 있었어요. 초나 분 단위로 알기는 어려웠지만, 오시나 신시 같은 시각은 시계를 사용해 알 수 있었지요. 물론 이때 사용한 시계는 해시계나 물시계였답니다.

해시계는 가장 오래 전부터 인류가 사용한 시계예요. 옛날 신라 시대에 해시계를 사용했다는 기록도 전해지고 있어요. 조선 시대에는 세종 때 해시계를 제작했다는 기록이 있는데, 이때 만들어진 해시계로는 장영실, 이천 등의 학자들이 만든 앙부일구, 현주일구, 천평일구, 정남일구 등이 잘 알려져 있어요.

특히 앙부일구는 조선 시대 대표적인 해시계로 조선 후기까지 궁궐이나 관공서, 심지어는 양반들의 집에서까지 널리 사용되었답니다. 시계 이름이 특이하다고요? 앙부일구는 오목한 가마솥처럼 생긴 시계판이 하늘의 해를 우러러보고 있다는 의미로 붙여진 이름이에요. 이렇게 듣고 앙부일구를 보니 그럴듯하게 느껴지지 않나요?

해시계 중 하나인 천평일구예요. 남북을 구분할 수 있도록 자석으로 된 지남침이 달려 있어요.

세종 때 만든 해시계 중 하나인 현주일구예요. 복원품을 영릉에서 볼 수 있어요.

신라 시대 해시계 복원품이에요. 조선 시대에 비해 매우 간소해 보여요.

해시계를 만들던 전통은 임진왜란 때문에 잠시 끊기는 듯 했지만, 서양의 천문학이 들어온 17세기 이후 다시 유행하게 되어요. 다만 이때 만들어진 해시계는 세종 때 해시계와는 달리, 서양식 평면 해시계의 영향을 받은 시계들이 유행을 하게 되지요. 또 조선 후기에는 장식품처럼 생긴 시계도 만들어지는데, 부채의 고리나 자루에 달아서 갖고 다니는 선추 해시계가 대표적이에요. 19세기에는 해시계의 제작자로 유명한 강윤, 강건 형제가 등장하기도 해요.

휴대용 해시계인 선추예요. 예쁜 장식품처럼 생겨서 조선 후기에 큰 인기를 끌었답니다. 줄을 당기면 시계 부분이 나타나서 시간을 잴 수 있게 만들어져 있어요.

해시계 중에서 가장 정밀한 정남일구예요. 지남침 없이도 남쪽을 찾을 수 있어서 정남일구라는 이름이 붙었어요. 전해지는 기록을 참고해서 놋쇠로 만든 복원품이에요.

가장 잘 알려진 해시계인 앙부일구예요.

신라 시대 물시계의 복원 그림이에요. 물이 차서 시간이 되면 사람이 직접 종을 울리게 되어 있어요. 아래는 영릉에 있는 자격루 복원품이에요. 둥근 항아리 모양을 파수호라고 부르고, 긴 원통 모양을 수수호라고 부르지요.

물시계는 물을 넣거나 빼면서 시간을 알아보는 장치예요. 옛날에는 누각, 각루 또는 경루 등 여러 가지 이름으로 불렀지요. 물시계 역시 해시계와 마찬가지로 신라 시대부터 사용되었어요. 조선 시대에는 태조가 한양으로 도읍을 옮긴 뒤, 표준 시계로 쓰기 위해 1398년 종로에 경루를 설치한 것이 처음이에요. 또 세종 때에는 장영실과 김빈에게 자동 물시계인 자격루를 만들게 했다고 해요. 이 자격루는 새로운 표준 시계로 쓰였답니다.

자격루가 만들어지게 된 데에는 전해지는 일화가 하나 있어요. 자격루가 있기 전에는 물시계를 맡은 관리가 물시계를 보고 시간을 알려 주었어요. 물시계를 살피다가 때가 되면 사람들에게 시간을 알려 주는 역할을 했던 거예요. 그런데 한밤중에 이 일을 맡은 관리들이 졸다가 시간을 알려 줄 때를 놓쳐, 종종 벌을 받았다고 해요. 세종은 이렇게 처벌 받는 관리들을 가엾게 여기고, 시간을 놓치는 실수를 미리 막기 위해 장영실에게 자동으로 시간을 알려 주는 물시계인 자격루를 만들게 한 것이라고 해요.

## 자격루는 어떻게 생겼을까요?

자격루는 세 개의 파수호와 두 개의 수수호에 물을 주고받도록 꾸며져 있어요. 가장 높은 곳에 지름 94센티미터, 높이 70센티미터의 큰 파수호가 한 개 놓여 있고, 그 바로 아래 앞면에는 지름 46센티미터, 높이 40.5센티미터의 작은 파수호가 놓여 있어요. 다시 그 앞면 아래에는 지름 37센티미터, 높이 193센티미터의 기다란 수수호가 좌우 한 개씩 세워져 있지요. 큰 파수호에서 작은 파수호로, 또 작은 파수호에서 수수호로는 도수관이라고 불리는 파이프로 연결되어 있어요. 이 파이프로 물이 전달되는 거예요. 이들 항아리는 녹이 슬지 않도록 청동으로 만들어져 있어요. 현재 남아 있는 물시계는 1536년인 중종 31년에 유전과 최세정이 2년에 걸쳐 만든 거예요.

파수호끼리 연결하는 용머리 모양의 도수관이에요.

완전하게 복원된 자격루예요. 현재 서울에 위치한 국립고궁박물관 지하 전시실에서 만나 볼 수 있어요. 시간이 되어서 종과 북을 치는 장면도 볼 수 있답니다.

시간을 알려주는 장치를 움직이는 쇠구슬이에요. 물이 차면 떨어지게 되지요.

시간이 되면 북과 종과 징을 쳐서 시간을 알려주는 인형이에요. 북과 종과 징이 울리는 상황은 각각 조금씩 달랐어요.

## 한양 사람들의 하루

시각을 아는 것은 조선 시대 사람들에게 중요한 일이었을까요? 앙부일구와 같은 해시계를 공공장소에 설치했다는 것을 보면 시각을 알고자 하는 사람들이 많았다고도 생각할 수 있어요. 하지만 한양 사람들은 앙부일구를 보러 종묘 앞까지 가지 않아도, 아침과 저녁으로 반드시 시각을 알 수밖에 없었던 사정이 있어요. 왜냐하면 시간에 따라 남대문, 동대문과 같은 성문이 열리고 닫혀서 도성 안을 드나드는 데 제한을 두었기 때문이에요. 이것을 '인정'과 '파루'라고 해요. 인정은 매일 밤 10시 경에 28번의 종을 쳐서 시간을 알리고, 성문을 닫고 통행금지를 알리는 신호였어요. 이어 새벽 4시에 33번의 종을 쳐서 통행금지가 풀린 것을 알리고 성문을 열었는데, 이것을 파루라고 해요. 인정과 파루에 맞추어 4대문뿐 아니라 4개의 작은 대문인 4소문도 열고 닫았어요. 바로 이때 물시계로 정확한 시간을 재서 인정과 파루를 알렸답니다. 그런데 이 때는 왜 해시계를 사용하지 않고 물시계로 시간을 재었을까요? 시간대가 밤과 새벽이었기 때문에 당연히 해시계를 사용할 수는 없었던 것이지요.

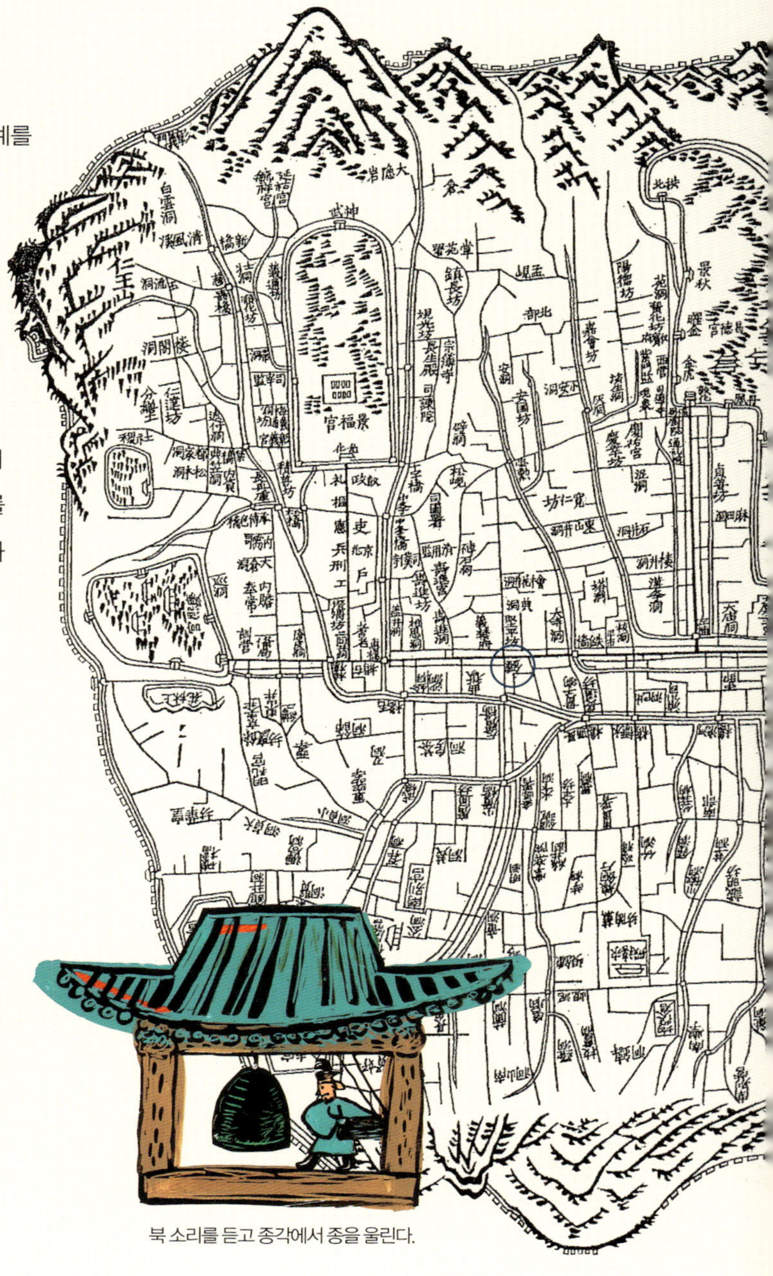

### 성문이 열리기까지

물시계를 보고 시간이 되면 북치는 사람에게 전달한다.

시간을 전달받은 담당자가 북으로 시간을 알린다.

북 소리를 듣고 종각에서 종을 울린다.

사람들에게 성문을 여닫는 시간을 알려 주는 역할은 현재 서울의 종로 보신각 자리에 있는 보신각종이 1900년대 초까지 담당했어요. 지도상에 보이는 성곽 안쪽 거의 정중앙이랍니다. 한양 안 어디에서건 잘 들렸겠죠?
○ 모양이 종각의 위치예요. 국립중앙박물관 소장

종소리를 듣고 성문이 열리면 한양 사람들의 활기찬 하루가 시작된다.

## 그런데 왜 종을 치는 횟수가 달랐을까요?

밤 10시 경에 28번의 종을 친 것은 우주의 해와 달과 별의 28수(宿)에 알리기 위한 것이고, 새벽에 33번 친 것은 하늘의 삼십삼천(三十三天)에게 알려 그날 하루 나라와 백성들이 편안하게 될 것을 바랐기 때문이에요. 그런데 28수와 33천은 어디서 유래된 것일까요? 이것은 유교나 무속이 아니라 불교와 관련이 있어요. 28수와 33천은 불교 경전에 나오는 하늘의 모습이에요. 인정과 파루를 보면 조선이 유교를 매우 중요하게 생각했지만, 불교의 영향도 받고 있었다는 사실을 알 수 있지요.

지금 우리 주변에서 찾아볼 수 있는 28수 별자리는 없을까요? 바로 우리가 명절에 노는 윷놀이 판이 바로 28수 별자리예요. 중앙에 위치한 점이 북극성이고, 나머지 28개 점이 28개 별자리를 나타내고 있답니다.

땅 지

# 땅을 수놓은
# 생활문화

땅에는 어떤 의미가 있을까요?
하늘을 떠받치면서 사람을 살게 해 주는 장소,
곡식과 과일이 열리는 풍요로운 터전,
다른 곳으로 이동할 수 있는 길이 있는 곳.
아무리 시간이 흘러도, 땅은 사람이
'먹고 자고 생활하는 곳'이라는 사실에는
변함이 없답니다.
그럼 우리 조상들이 이 땅에서 어떤 생활을 했는지
함께 알아볼까요?

## 나라에서 지도를 만들어요

사진기도 없고, 인공위성도 없던 시대에 사람들은 길을 어떻게 찾아다녔을까요? 고개를 세 개 넘어야 한양 가는 길이 나오고, 강을 몇 개 건너야 바다를 만날 수 있다는 사실을 그냥 생각만으로는 알기가 쉽지 않았을 텐데요. 조선 시대 사람들은 주변 땅의 모양새를 대부분 지리지를 통해서 이해하고 파악했어요. 하지만 일반 백성들은 이런 지도나 지리지를 거의 볼 수가 없었어요. 대체로 국가 기관에서 만들고, 나라를 다스리는 자료로 삼았거든요.

사실 조선 시대만 해도, 일반 백성들은 자기들이 사는 땅에서 벗어나 멀리 여행하는 일이 거의 없었어요. 또 주로 농사를 짓다 보니 굳이 멀리 갈 일이 생기지도 않았고요. 그래서 지도나 지리지를 주로 이용한 사람은 일반 백성들이 아니라, 관청에서 근무하는 관리나 군대의 장수들이었어요. 전쟁과 같은 비상 상황에서, 지도는 군사 작전에 반드시 필요한 중요 물품이었기 때문이에요.

지도는 삼국 시대 이전부터 만든 기록이 남아 있어요. 지도가 조선 시대에 처음으로 만들어진 것은 아닌 셈이지요. 조선 시대 지도는 고려의 지도 제작 전통을 계승한 것이랍니다.

조선 시대에 처음으로 만들어진 지도는 1402년에 나라에서 주도하여 만든 「혼일강리역대국도지도」예요. 이 지도는 당시 제작된 세계 지도로서는 동서양을 통틀어 가장 뛰어난 지도 중의 하나로 인정받는 훌륭한 지도예요. 이 지도에는 당시 유럽이나 아프리카의 위치까지 표시되어 있어서, 동쪽과 서쪽 문화가 서로 교류하였음을 보여 주는 대표적인 지도이지요. 워낙 유명해서 그런지, 이후 「혼일강리역대국도지도」를 베낀 지도들이 계속 만들어져요.

오른쪽 「혼일강리역대국도지도」에는 중국과 한반도가 크게 그려져 있고, 유럽과 아프리카는 작게 그려져 있어요. 비슷한 시기인 1480년대 유럽에서 만든 세계 지도는 이와 반대로 유럽과 중동은 크고 자세하게 그려져 있고, 동아시아는 간단하게 그려져 있어요. 당시 사람들이 자신들이 사는 세계를 중심으로 생각했다는 것을 알 수 있답니다.

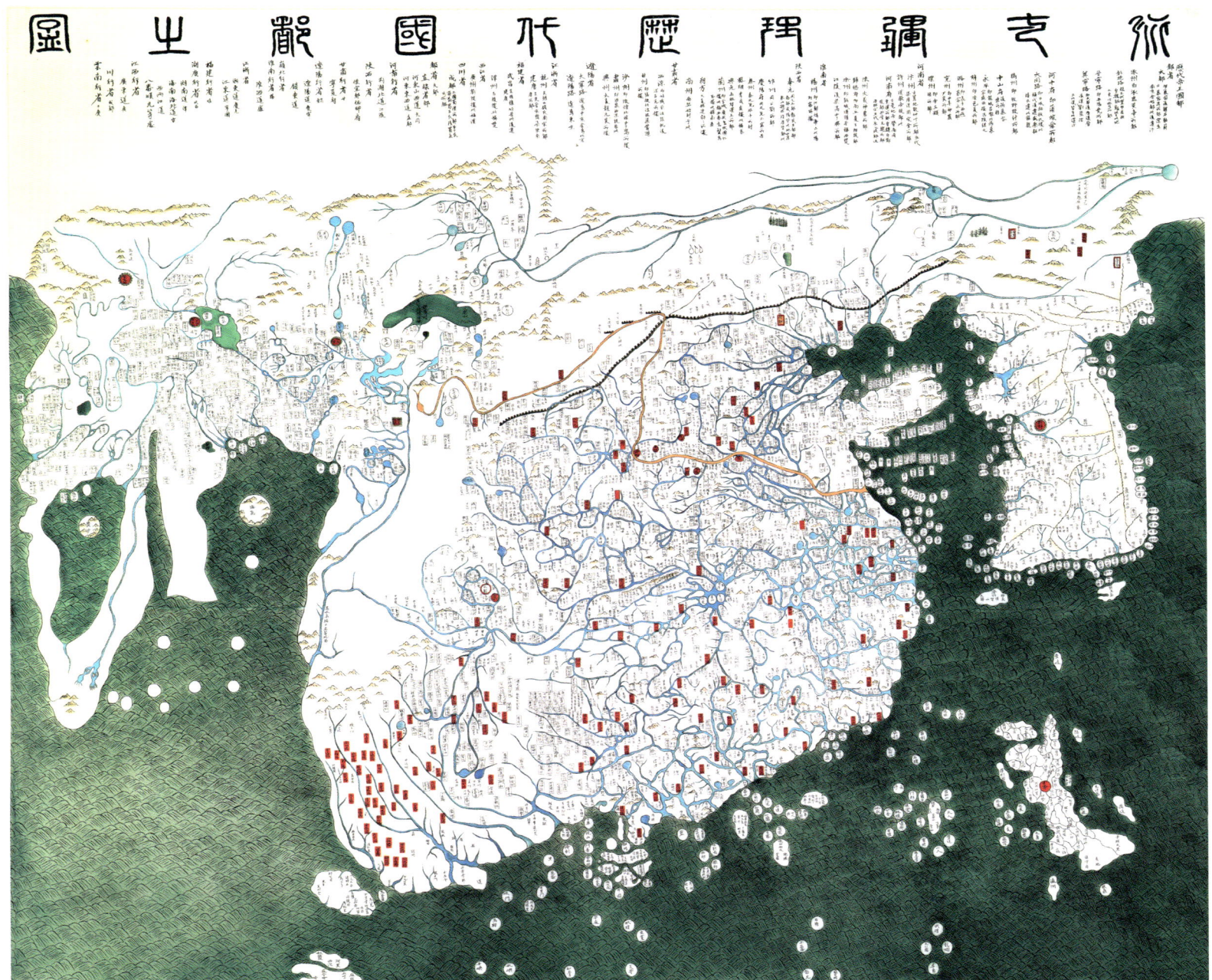

조선 초기에는 세계 지도뿐 아니라 우리나라를 그린 지도도 만들었어요. 특히 세종 때에는 지방의 각 군현간 거리를 쟀고, 백두산과 한라산의 위도도 측정했어요. 특히 정척은 1451년에 함경도와 평안도 지방의 지도를 만들었는데, 이를 바탕으로 1463년(세조 9년)에는 양성지와 함께 「동국지도」를 완성한답니다.

또 같은 시기에 나라에서 주도하여 지리지가 편찬되었는데, 『신증동국여지승람』이 이 시기에 편찬된 대표적인 지리지예요. 이 책에는 「동람도」라는 부록 모양의 간략한 지도가 있는데, 이 지도를 베낀 사본이 나중에 사람들 사이에서 크게 유행하게 되어요. 이를 계기로 지도가 일반 백성들에게까지 널리 퍼지게 되었답니다.

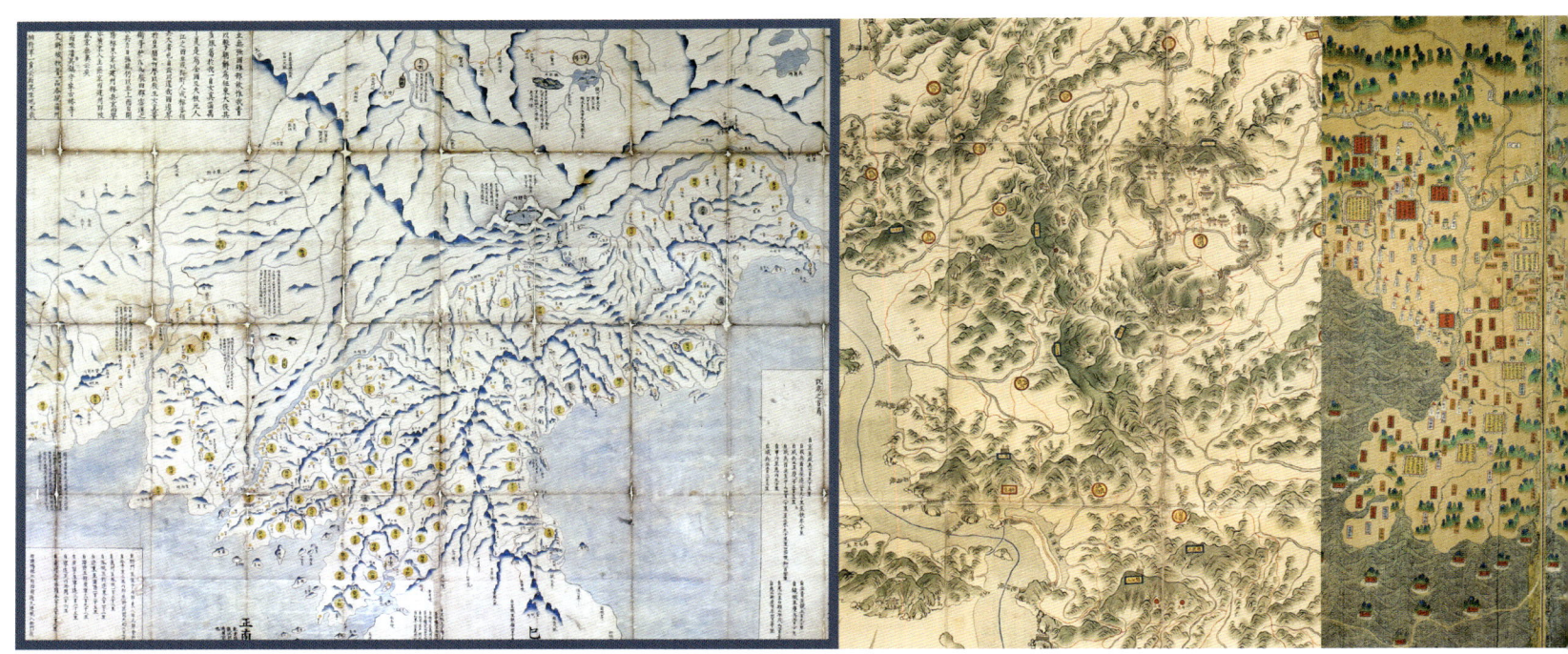

18세기 전반에 만들어진 것으로 추측되는 「서북피아양계만리일람지도」예요. 작자 미상이지만, 우리나라 북쪽 지방뿐 아니라 중국 만주 지역까지 나와 있는 것으로 보아 군사용 지도로 생각되어요.

조선 후기에 만들어진 「강도부지도」예요. 강화도의 자연 지세와 해안 군사 시설 등이 묘사되어 있어요.

임진왜란과 병자호란이라는 큰 전쟁을 겪은 뒤, 조선 후기에는 지도 제작이 더욱 활발해졌어요. 아무래도 전쟁을 겪으면서 지도의 필요성이 높아졌기 때문에, 군사적 목적으로 지도를 많이 만들게 된 것이지요. 이이명이 중심이 되어 만든「요계관방지도」는 당시 요동, 만주 일대의 최신 정보를 수록한 군사 지도로서 청나라의 침입에 대비한 것이었어요.

또 비슷한 시기에 만들어진「서북피아양계만리일람지도」도 압록강, 두만강 유역에 있는 청나라와 조선의 국경 지대를 상세하게 그린 것으로, 이 지도 역시 청나라의 침입을 대비하기 위해 제작했어요. 또 해안 방어에 필요한 가까운 바다의 뱃길을 나타낸 연안 해로도와, 해안 방어 기지인 '진보'를 상세하게 그린 지도들도 많이 만들었답니다.

1706년에 만들어진 군사 목적의「요계관방지도」예요. 10폭의 병풍으로 만든 지도로, 한반도의 북쪽 부근이 자세하게 기록되어 있어요.

17세기 이후에는 중국을 거쳐 서양식 세계 지도가 들어오면서 조선에 많은 영향을 끼쳤어요. 서양에서 만들어진 지도의 영향을 받으면서, 18세기 중엽에 정상기가 만든 「동국지도」가 완성되어요. 이 지도는 매우 중요한 의미를 갖고 있어요. 「동국지도」는 조선 시대에 앞서 만든 지도들의 성과를 종합하여, 우리 국토의 모습을 실제에 가깝도록 아주 정교하게 묘사했기 때문이에요.

영조와 정조 시기에는 다양한 지방 군현의 지도가 만들어지는데, 이런 지도에서는 해당 고을의 모습을 마치 산수화처럼 그려서 보기 좋게 만들었어요. 또 이 시기에는 임금이 사는 서울의 모습을 그린 「도성도」도 만들어요. 「도성도」는 당시 유행하던 진경산수화를 그리던 형식으로 제작하여, 지도가 아니라 그림으로 보아도 대단히 뛰어난 예술미를 자랑하는 하나의 작품이랍니다.

조선 시대 지도는 김정호에 이르러 활짝 꽃을 피우게 되어요. 김정호는 1834년 전국 지도책인 「청구도」를 만들었고, 20여 년 뒤에는 조금 더 발전한 형식의 「동여도」를 만들었어요. 그리고 1861년에는 조선 시대 최고의 지도라고 할 수 있는 「대동여지도」 목판본을 완성하여 간행했어요.

「동국지도」는 우리나라 최초로 축적을 표시한 지도예요. 당시 만들어진 지도 중 가장 정확하고 정밀한 지도로, 영조의 칭찬을 받았다고 해요.

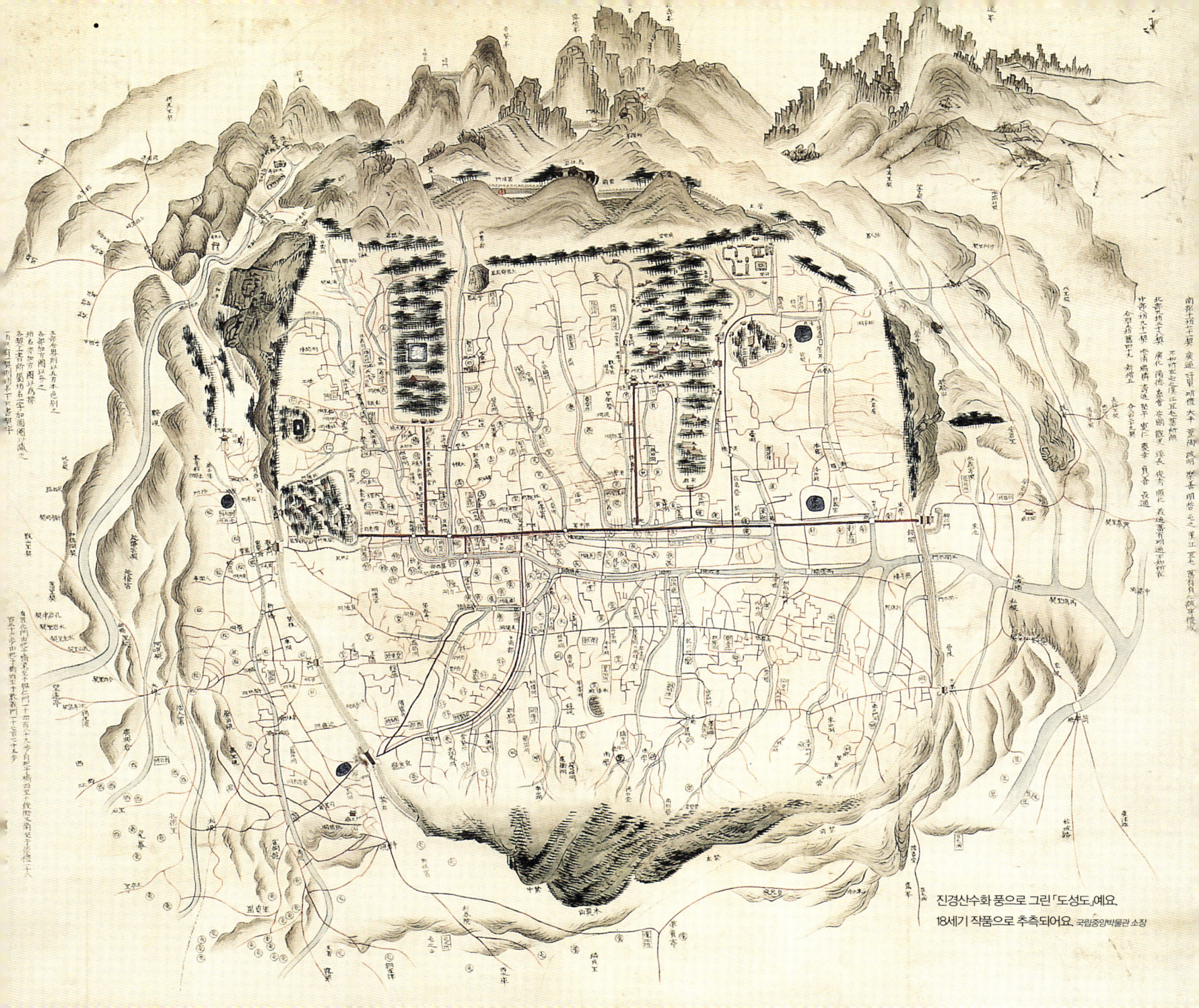

## 지도가 속삭이는 이야기

「대동여지도」는 목판으로 만들었는데, 총 22권 126장의 지도로 구성되어 있어요. 이것을 위, 아래, 오른쪽, 왼쪽을 서로 연결하면 우리나라의 전체 지도가 되는데, 그 크기가 지그마치 어른 네 명의 키를 모두 합한 정도, 즉 건물 3층 높이가 되지요. 또 목도 교실 한쪽 벽면을 가득 채울 정도로 크답니다. 모두 펼치고 나면 세로 약 7미터, 가로 약 4미터에 이르는 거대한 지도가 되는 것이지요.

하지만 지도를 위에서부터 22개의 층으로 나눈 뒤 각각을 차례로 접으면 조그마한 책 한 권 크기로 만들 수 있기 때문에, 해당되는 지역만 펼쳐서 쉽게 볼 수 있어요. 「대동여지도」는 우리 땅의 모습을 실제와 매우 비슷하게 그려서, 현재 인공위성에서 바라본 한반도의 모습과 거의 일치해요.

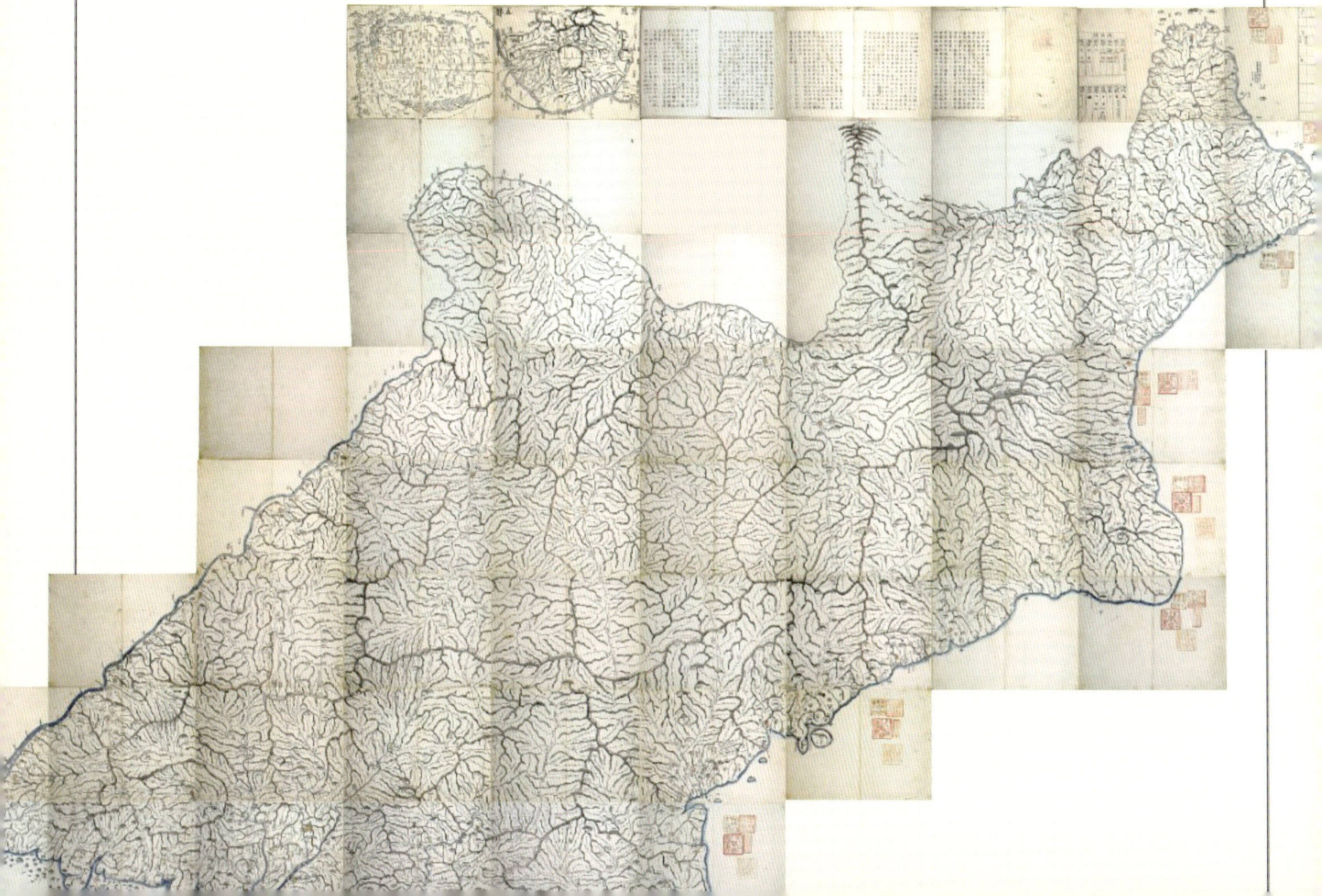

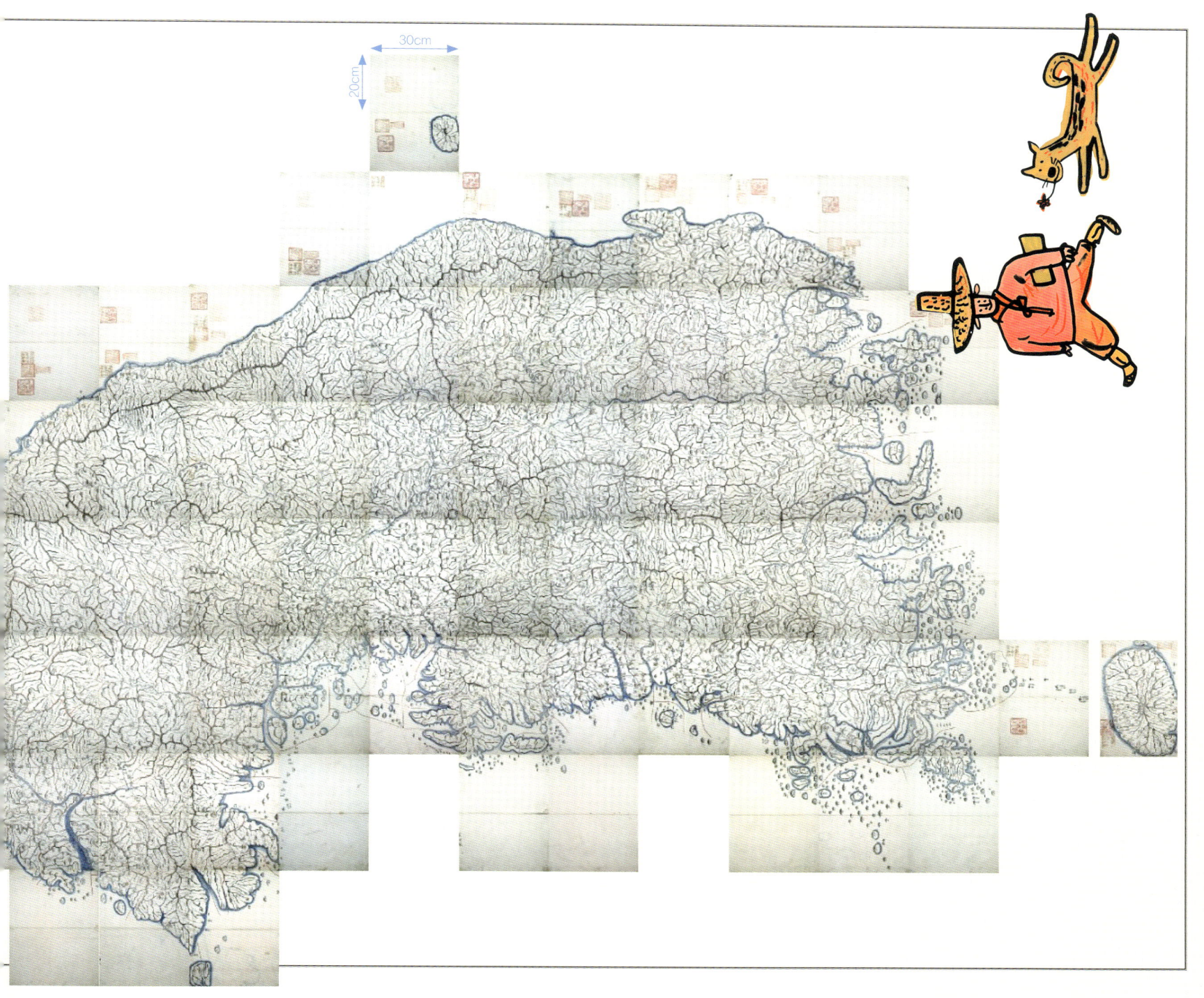

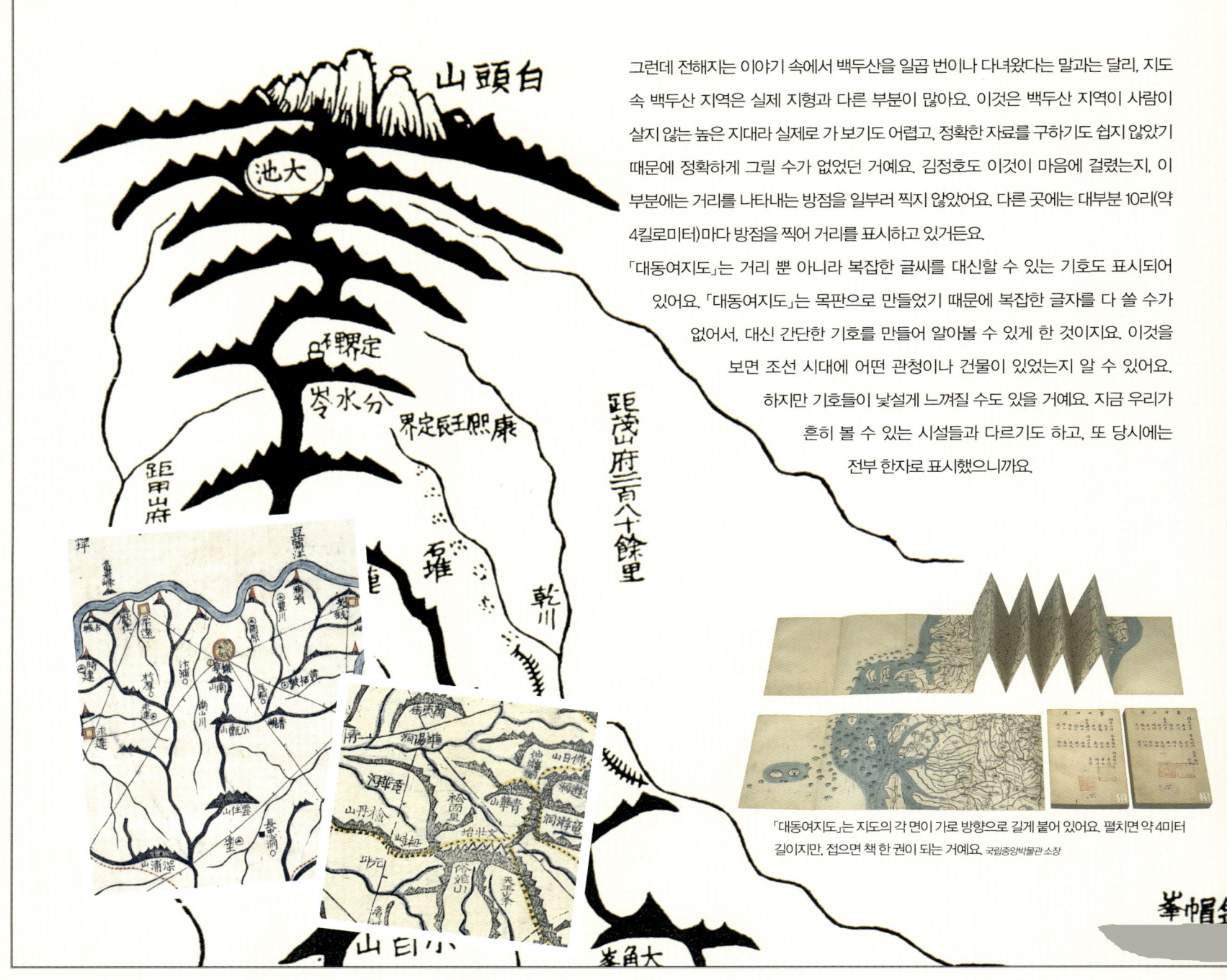

그런데 전해지는 이야기 속에서 백두산을 일곱 번이나 다녀왔다는 말과는 달리, 지도 속 백두산 지역은 실제 지형과 다른 부분이 많아요. 이것은 백두산 지역이 사람이 살지 않는 높은 지대라 실제로 가 보기도 어렵고, 정확한 자료를 구하기도 쉽지 않았기 때문에 정확하게 그릴 수가 없었던 거예요. 김정호도 이것이 마음에 걸렸는지, 이 부분에는 거리를 나타내는 방점을 일부러 찍지 않았어요. 다른 곳에는 대부분 10리(약 4킬로미터)마다 방점을 찍어 거리를 표시하고 있거든요.

「대동여지도」는 거리 뿐 아니라 복잡한 글씨를 대신할 수 있는 기호도 표시되어 있어요. 「대동여지도」는 목판으로 만들었기 때문에 복잡한 글자를 다 쓸 수가 없어서, 대신 간단한 기호를 만들어 알아볼 수 있게 한 것이지요. 이것을 보면 조선 시대에 어떤 관청이나 건물이 있었는지 알 수 있어요. 하지만 기호들이 낯설게 느껴질 수도 있을 거예요. 지금 우리가 흔히 볼 수 있는 시설들과 다르기도 하고, 또 당시에는 전부 한자로 표시했으니까요.

「대동여지도」는 지도의 각 면이 가로 방향으로 길게 붙어 있어요. 펼치면 약 4미터 길이지만, 접으면 책 한 권이 되는 거예요. 국립중앙박물관 소장

## 「대동여지도」의 기호들

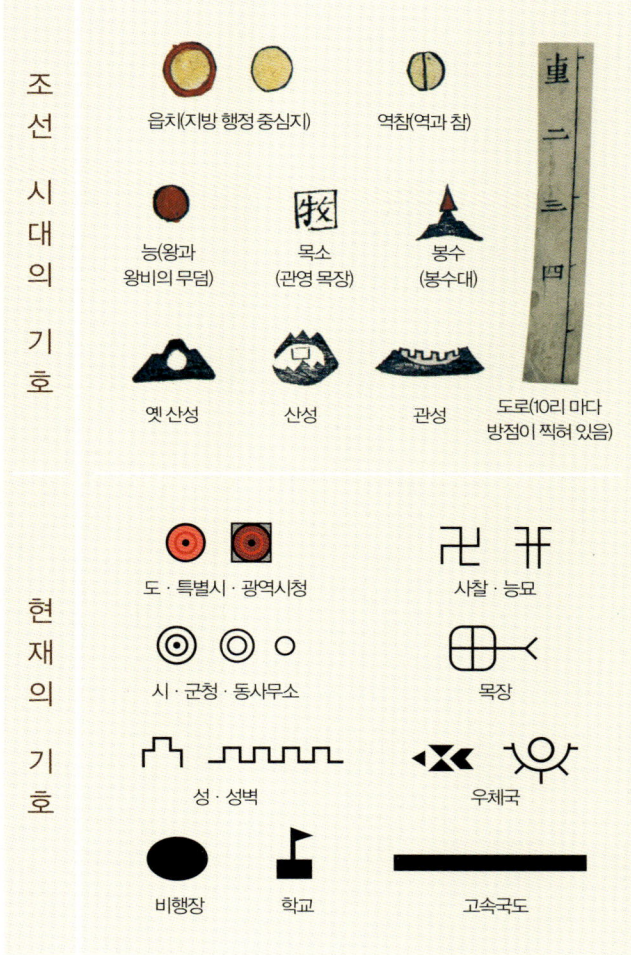

읍치는 지방 행정의 중심지를 나타내요. 테두리가 있으면 읍성이 있다는 것을 가리키지요. 현대의 시청 기호와 크게 다르지 않아요. 역참과 봉수는 오늘날 우체국과, 능과 목소는 오늘날 능묘, 목장과 비교해 보세요. 어때요? 비슷한가요? 물론 비행장이나 학교는 「대동여지도」에서 찾아볼 수 없답니다. 국립중앙박물관 소장

## 「대동여지도」는 어떻게 만들었을까요?

조선 시대에 만들어진 가장 자세하고 아름다운 지도인 「대동여지도」는 나라에서 만든 것이 아니라, 김정호라는 개인이 만들었기 때문에 만드는 과정에 대한 정확한 기록이 문서로 남아 있지는 않아요. 그래서 지도를 만드는 과정에 대한 다양한 이야기가 전해져 오고 있답니다. 예를 들어 김정호가 지도를 만들기 위해 백두산을 7번이나 오르내렸다는 이야기가 대표적이에요. 하지만 이런 얘기들은 그야말로 전설이고, 실제 확인된 사실은 아니에요. 오히려 전국을 걸어 다니면서 실제 현장을 직접 눈으로 확인하여 지도를 만들었다기보다는, 이미 만들어진 지도를 연구하여 이를 보완한 새로운 형식의 지도를 만든 것으로 보는 편이 맞을 거예요.

김정호의 신분은 당시 평민이었기 때문에 지도를 살피고 연구하기가 쉽지 않았어요. 이때 양반이면서 김정호의 친구였던 최한기라는 사람이 김정호의 능력과 손재주를 높이 사서 그에게 「청구도」라는 지도를 만들어 보라고 권유했지요. 그에 따라 만든 지도책이 바로 「청구도」 2권이에요. 김정호는 약 4킬로미터의 거리를 2.5센티미터 정도로 일정하게 줄여서 그렸고, 「청구도」 두 권을 연결하면 우리나라의 전체 모습을 살펴볼 수 있도록 만들었어요.

이후 「청구도」가 유명해지자, 당시 무관이었던 신헌이 김정호에게 관청에 있던 지도 관련 자료들을 빌려 주어서 김정호는 본격적으로 새로운 지도를 만들 수 있었어요. 그리고 친구였던 최한기가 서양으로부터 들여온 지도를 보여 준 것도 큰 힘이 되었지요. 김정호는 이 자료들을 바탕으로 「동여도」를 만들었고, 이것을 나무판(목판)에 새겨서 많은 사람들이 볼 수 있게 다시 만든 것이 바로 「대동여지도」랍니다!

김정호가 판각한 목판이에요. 목판 인쇄를 할 수 있었기 때문에 대량 생산도 가능했어요. 가로 43센티미터, 세로 32센티미터의 크기예요. 국립중앙박물관 소장

# 어떻게 여행을 했을까요?

조선 시대 사람들은 어떻게 여행을 했을까요? 또 어떻게 다른 사람의 소식을 들을 수 있었을까요? 조선 시대에는 일반 백성들이 활발하게 다른 지역으로 여행하는 것이 쉽지 않았어요. 버스나 기차, 비행기를 이용하는 것은 당연히 불가능했고, 소나 말을 타고 가는 것도 평민으로서는 매우 어려운 일이었어요. 기껏해야 걷거나 강을 건널 때 이용하는 작은 배 이외에는 이용할 수 있는 교통수단이 거의 없었던 거예요. 하지만 사람들이 사는 곳에서는 이동이 생길 수밖에 없어요. 나라에서는 지방을 다스리기 위해, 또 지방에서는 거둔 세금이나 곡식을 운반하기 위해, 그리고 급한 연락을 하거나, 외적을 막기 위해서 도로나 뱃길 등의 교통망과 파발로, 봉수로 등의 교통 통신망을 만들어야만 했지요.

도로의 경우 조선 후기에는 6대 간선 도로가 있었어요. 조선 시대의 간선 도로라면 지금의 고속 도로라고 생각하면 비슷할 거예요. 이 6개의 간선 도로는 한양-의주, 한양-서수라, 한양-평해, 한양-동래, 한양-강진(제주), 한양-강화를 잇는 도로였어요. 이외에도 백두산로, 압록강 연로, 두만강 연로 등 대로 사이를 연결하는 길들이 있었지요.

양주산대놀이 : 교통의 요지였던 경기도 북부 양주 지역에서 발달했어요.

가산, 통영오광대놀이 : 쌀의 집산지이던 조창이 있던 곳에서 발달했어요. 세금으로 걷은 쌀이 여기에서 배로 한양까지 이동했답니다.

급하게 소식을 전하기 위해 임금이 어명을 내린다.

"처음으로 임금님의 손을 만졌다!"

어명을 전하기 위해 파발꾼이 달려간다. 날씨가 궂어도 계속 가야 한다.

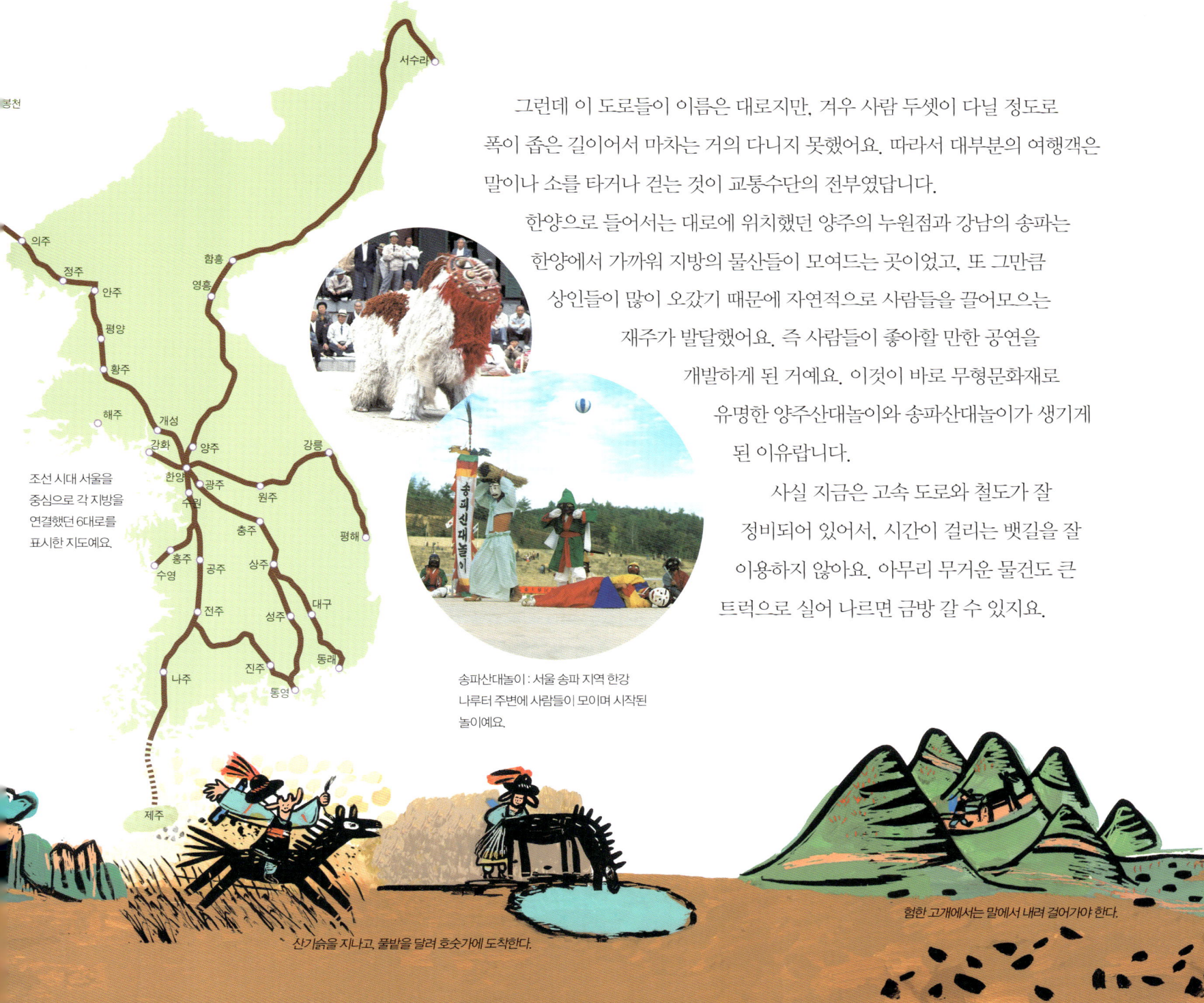

그런데 이 도로들이 이름은 대로지만, 겨우 사람 두셋이 다닐 정도로 폭이 좁은 길이어서 마차는 거의 다니지 못했어요. 따라서 대부분의 여행객은 말이나 소를 타거나 걷는 것이 교통수단의 전부였답니다.

한양으로 들어서는 대로에 위치했던 양주의 누원점과 강남의 송파는 한양에서 가까워 지방의 물산들이 모여드는 곳이었고, 또 그만큼 상인들이 많이 오갔기 때문에 자연적으로 사람들을 끌어모으는 재주가 발달했어요. 즉 사람들이 좋아할 만한 공연을 개발하게 된 거예요. 이것이 바로 무형문화재로 유명한 양주산대놀이와 송파산대놀이가 생기게 된 이유랍니다.

사실 지금은 고속 도로와 철도가 잘 정비되어 있어서, 시간이 걸리는 뱃길을 잘 이용하지 않아요. 아무리 무거운 물건도 큰 트럭으로 실어 나르면 금방 갈 수 있지요.

조선 시대 서울을 중심으로 각 지방을 연결했던 6대로를 표시한 지도예요.

송파산대놀이 : 서울 송파 지역 한강 나루터 주변에 사람들이 모이며 시작된 놀이예요.

산기슭을 지나고, 풀밭을 달려 호숫가에 도착한다.

험한 고개에서는 말에서 내려 걸어가야 한다.

19세기 전반에 만들어진 것으로 추측되는 「경강부임진도」예요. 강화도부터 한강 상류까지 뱃길이 잘 드러나도록 위에서 내려다보듯 그린 지도예요.

하지만 조선 시대에는 육로로 가는 길에 비해 바닷길이 훨씬 이동도 쉽고, 대량 수송도 가능했어요. 우리나라는 3면이 바다이고, 또 강으로 연결되어 내륙 깊은 곳까지 이동할 수 있었기 때문이에요. 그래서 조선 시대에는 내륙에 있는 뱃길과, 육지와 가까운 바다를 따라 이동하는 바닷길이 발달했어요. 이 길을 통해 상업이 발달하고, 각종 세금과 물자, 사람의 이동이 이루어졌답니다. 뱃길이 지금의 고속 도로와 같은 역할을 했던 거예요.

사람들 간에 전하는 소식은 주로 편지를 이용했어요. 편지는 정확한 내용을 전달할 수 있었지만, 시간이 오래 걸렸지요. 그래서 나라의 중요한 일이 있거나, 급히 전달할 일이 있을 경우에는 파발마를 이용했어요. 이러한 파발마가 다니던 길을 파발로라고 했는데, 이는 지금 우리가 흔히 접하는 지명에도 그대로 남아 있어요. 예를 들어 구파발, 역촌동, 양재역 등은 모두 '파발과 관련된 역 또는 원(나라에서 운영하는 여관)이 있었던 곳'이라는 의미를 갖고 있답니다.

조선 후기 역참의 마방 사진이에요. 마방에서는 말을 잘 관리해서, 관리나 파발꾼들이 갈아타고 갈 수 있도록 준비하는 역할을 했어요.

지금의 수원 화성 옆에 있던 역참인 영화역을 그린 그림이에요. 지금은 흔적이 없지만, 당시에는 말을 갈아타는 역참 주변이 상당히 번화했을 거예요. 역참 사이 거리는 약 30리(12킬로미터) 정도 되었다고 전해져요. 걸어가기에는 오래 걸릴만한 거리이지요. 그래서 역참 사이의 거리를 가리키는 '한 참'이라는 말이 '오래 걸린다'는 뜻을 갖게 되었다고 해요.

1890년대 나룻배 사진이에요. 조선 시대에는 사람뿐 아니라, 짐과 동물들도 이런 배를 이용해 강을 건넜어요.

시간이 지체되면 나랏일이 잘못될 수 있다. 서둘러야 한다.

드디어 목적지에 도착하여 어명을 전한다.
"어명이요!"

"봉화를 올려라!"

수원 화성의 봉돈이에요. 낮에는 연기로, 밤에는 불빛으로 급한 소식을 전달했어요. 전국적으로 촘촘하게 봉화망이 연결되어 있어서, 총 623군데에 있었다고 해요. 왼쪽은 전국의 봉화망을 표시한 「해동팔도봉화산악지도」예요. 17세기 후반에 만들어진 것으로 추측되어요.

그렇다면 전쟁이 일어났을 때는 어떻게 했을까요? 외적이 코 앞에 닥쳐서 파발마를 보낼 시간도 없다면요? 이럴 때는 '봉수'라는 통신 수단을 이용했어요. 외적이 침입해서 파발마를 보낼 수도 없는 시급한 경우를 대비하여 불이나 연기로써 위급 상황을 전달하는 방법이지요. 봉화망은 주로 국경에서부터 시작하여 서울의 남산까지 이어졌는데, 위급한 정도에 따라 평상시에는 불 1개, 외적이 해상이나 국경에 나타나면 2개, 적과 전투를 시작하면 5개 하는 식으로 차별을 두었어요.

또 안개나 비 등으로 불을 피울 수 없는 상황에서는 포 소리나 나팔 소리로 전달하기도 했고, 그것도 쉽지 않을 경우에는 봉수군이 다음 봉화대까지 달려가서 소식을 전달하기도 했답니다.

조선 시대의 봉수는 동서남북 어느 국경에서 출발하든, 약 12시간 만에 서울에 도착하는 것을 원칙으로 삼았어요. 하지만 봉수군이 게으름을 피우거나, 봉수대 관리를 소홀히 해서 더 많은 시간이 걸리기도 했지요.

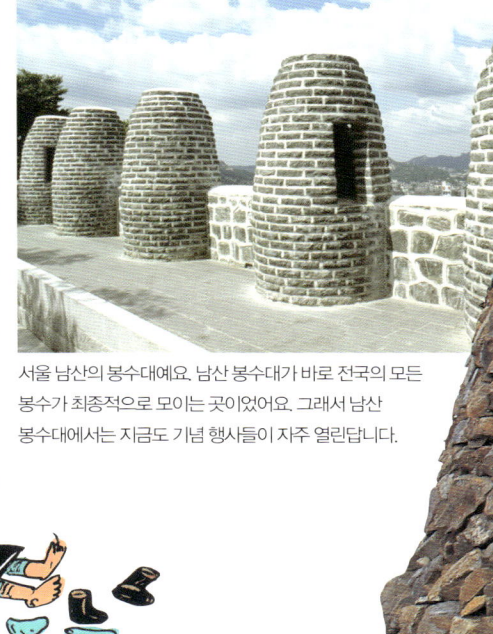

전라남도 해남의 갈두산 봉수대예요. 조선 초에 만들어졌다가 조선 후기인 고종 때 폐지되었다고 해요. 그 뒤 흔적도 없이 부서진 봉수대를 자연석으로 다시 복원한 모습이에요.

경상남도 진주에 있는 망진산 봉수대예요. 더 남쪽의 남해안에서 올라오는 신호를 북쪽으로 전해 주는 역할을 했어요. 다 무너진 봉수대를 다시 복원한 모습이에요.

서울 남산의 봉수대예요. 남산 봉수대가 바로 전국의 모든 봉수가 최종적으로 모이는 곳이었어요. 그래서 남산 봉수대에서는 지금도 기념 행사들이 자주 열린답니다.

# 전쟁이 일어났다!

## 임진왜란

1592년(선조25년)에 일어난 조선과 일본 사이의 전쟁이에요. 7년간 계속된 전쟁은 이순신 장군의 활약과 명나라 군대의 도움으로 결국 일본이 퇴각하면서 끝이 나지요. 하지만 조선은 정치, 경제, 문화, 사회 등 각 분야에서 엄청난 손실을 입게 된답니다.

조선 후기의 화가 변박이 그린 「동래부순절도」예요. 동래부 부사 송상현과 군민들이 일본군에게 '죽기는 쉬워도 길을 빌리기는 어렵다'는 글을 성 밖으로 써서 던지는 장면을 묘사하고 있어요. 하지만 그림의 오른쪽 위를 보면 이미 성벽이 무너져 있고, 그림의 왼쪽 위에는 조선의 장수와 병사들이 도망을 가고 있어요. 임진왜란이 일어난 초기 상황을 잘 보여 주고 있지요.

임진왜란 때 사용한 천자총통과 황자총통이에요. 일본군이 사용하던 개인 화기인 조총과 달리, 대포라고 할 수 있어요. 당시 사정거리가 1,000미터를 넘을 정도로 뛰어난 성능을 갖고 있었어요.

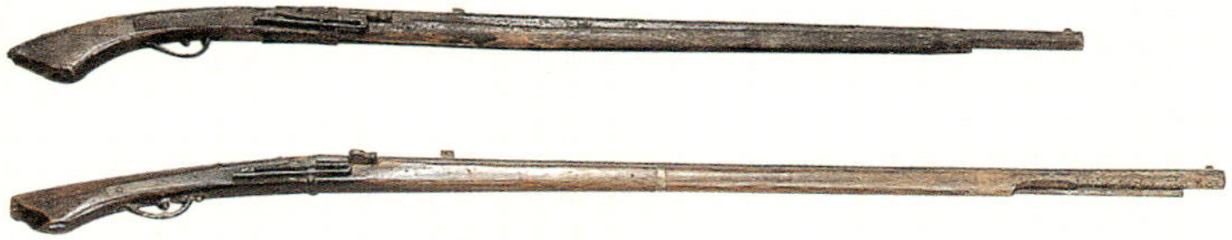

임진왜란 때 일본군이 사용한 신무기인 조총이에요. 임진왜란 후에는 조선에서도 조총과 같은 화약 무기를 많이 만들게 되지요.

## 병자호란

1636년(인조 14년)에 청나라가 조선에 침입하여 일어난 전쟁이에요. 2개월 여 만의 짧은 시간에 전쟁은 끝이 나지만, 조선의 국왕이 청나라 황제에게 굴욕적인 항복의 예를 갖추게 되어요. 정치적으로도 청나라에 복속되지만, 백성들도 힘든 시련을 겪어야만 했답니다.

병자호란 당시 인조가 피난했던 남한산성의 구조를 그린 지도예요. 내부에 필요한 시설을 완벽하게 갖춘 산성이었지만, 병자호란 당시에는 외부의 도움이 끊겨 결국 항복을 하게 되지요. 왼쪽 사진은 지휘관이 올라서서 군사를 지휘하는 높은 곳인 '수어장대'예요. 남한산성에는 총 4개의 대가 있었는데, 지금은 수어장대만 남아 있어요.

인조가 청나라 군대에 항복한 내용을 적은 '삼전도비'예요. 높이가 4미터나 되는 큰 비석이랍니다. 항복을 했던 곳의 지명이 삼전도여서 삼전도비라는 이름이 붙었어요. 삼전도비 옆에는 거북이 모양의 비석 받침이 하나 더 있답니다. 처음 세웠던 삼전도비의 받침이었는데, 청나라에서 너무 작다고 트집을 잡아서 다시 만들게 되었다고 해요.

# 산에서 내려와 마을로 가자

우리나라는 산성의 나라라고 불릴 만큼 많은 산성이 있었어요. 고구려나 백제, 신라의 삼국 시대뿐만 아니라 고려와 조선 시대에도 산성을 쌓은 흔적이 곳곳에 남아 있지요. 한반도 중부 이남에만 1,000여 개 이상의 산성 터가 확인이 될 정도예요. 하지만 고려 말에서 조선 초에 이르면서 점차 생활의 중심이 평지에 있는 성으로 바뀌게 되어요. 그 이후로 읍성이 발달하게 되어 주변에서 흔히 볼 수 있는 조선 시대 마을의 모양이 갖추어졌고, 이것이 지금까지 전해지게 되었답니다.

고구려 유적인 오녀산성은 산 위에 지은 난공불락의 산성이에요. 고구려의 첫 번째 수도라고 추측된답니다.

충청북도 보은에 있는 보은 삼년산성이에요. 돌로 쌓는데 삼년 걸렸다고 해서 삼년산성이에요. 이 성은 삼국 시대뿐만 아니라, 고려 시대, 심지어는 조선 시대인 임진왜란 때에도 이용한 기록이 남아 있을 정도로 오랫동안 사용한 산성이에요.

평평한 평지에 마을을 둘러싸듯 지어진 해미읍성이에요. 충청남도 서산에 있는 조선 시대 성곽이랍니다. 산성과 다르게 백성들이 항상 성 안에 살며 생활을 했어요.

전라북도 고창에 있는 조선 시대 읍성인 고창읍성이에요. 고창에는 한 해의 질병을 피하기 위해 성벽에 오르는 '성벽밟기'의 전통이 아직 남아 있어요.

강화도 갑곶돈대의 대포와 19세기 서양의 군함이에요.
조선 후기에 서양 군함의 침입을 1차적으로 막은 곳이 바로 강화도예요.

우리나라에서는 오래전부터 외적의 침입을 막기 위해 산성을 짓고 성을 쌓았어요. 그런데 조선 후기에 들어서면 좀 더 짜임새 있게 성을 쌓게 되어요. 임진왜란과 병자호란이라는 큰 전쟁을 겪으면서 수도인 한양 방어의 필요성을 깨닫게 된 거예요. 그래서 한양 주변의 산성인 북한산성과 남한산성을 손질하고, 한양을 방어할 수 있는 유수부(부수도)를 설치하게 되지요. 개성과 강화, 광주와 수원에 유수부를 설치하고, 이를 연결하여 한양을 동서남북 네 방향에서 방어하는 기지로 삼은 거예요.

하지만 유수부는 단순히 방어 기지로서만 의미가 있었던 것은 아니에요. 조선 후기에 한양과 한강을 중심으로 확장되는 수도권, 즉 경기 지역이 갖는 상업과 문화의 영향력이 커졌다는 사실도 알 수 있지요. 전국 방방곡곡의 물산이 유수부 안의 수도권으로 모이고, 여기에서 또 새로운 문화가 발달하게 된 거예요. 이것이 조선 후기의 새로운 경향이었답니다.

실학자인 유형원과 정약용이 설계에 참여를 하고, 성벽을 쌓을 때 거중기를 사용하는 등 조선 시대 최고의 과학 기술로 만든 수원 화성이에요. 1997년에 유네스코 세계 문화유산에 등재되었어요.

강화산성의 성벽이에요. 강화도는 고려 시대부터 외적의 침입을 막는데 큰 역할을 했던 곳이에요. 따라서 곳곳에 산성과 같은 전쟁 관련 유적들이 남아 있어요.

병자호란 때 인조가 피신했던 남한산성 성벽의 일부예요. 남한산성은 백제 초기부터 사용되어 온 곳으로, 조선 후기에는 전국에서 가장 완벽한 시설을 갖춘 산성이었어요.

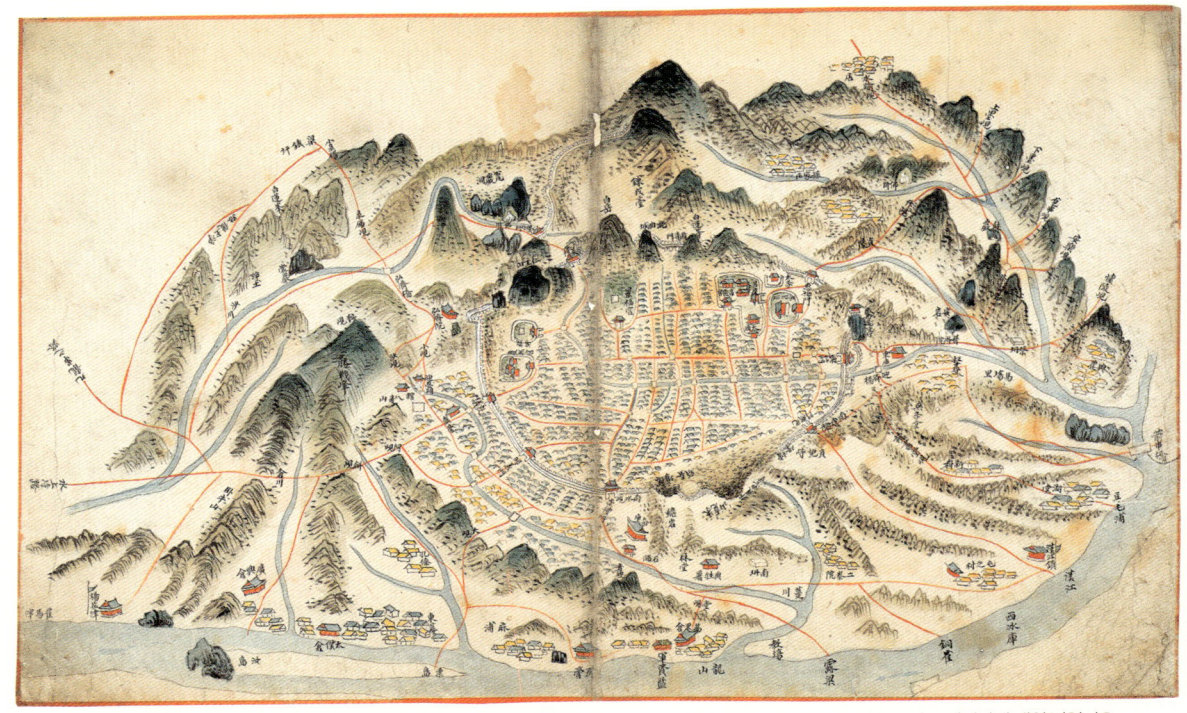

「동국여도」의 〈도성도〉예요. 한양을 그린 대부분의 지도가 궁궐과 관청을 중심으로 묘사되어 있는 것에 비해, 이 지도는 일반 민가를 빽빽하게 채워 넣었어요. 그래서 도성 안에는 기와집이, 도성 밖에는 초가집이 많다는 사실을 알 수 있지요. 또 북쪽으로 산을 등지고 앞으로 한강이 흐르고 있어, 배산임수 지형이라는 것도 한눈에 알 수 있어요. 지도로만 봐도 왠지 아늑해 보이는 느낌이에요.

## 남향 한옥 집들이

조선 시대 사람들은 어디에 살았을까요? 또 어떤 곳에서 가장 살고 싶어 했을까요? 우선 옛날 사람들은 '배산임수'라고 해서 산을 등지고 앞으로는 시내가 흐르는 곳을 이상적인 집터로 생각했어요. 뒤에 산이 있으면서 평지와 만나는 약간의 구릉이 있는 곳이지요. 집과 집들이 모여 있는 마을은 배산임수 지형에서도 대체로 남쪽을 향하게 지었어요. 남쪽과 동쪽이 탁 터여 들이 전개되고, 서쪽과 북쪽이 산으로 가려져 겨울의 매서운 바람을 막아 주면 좋은 곳이라 여겼던 거예요. 또 남향으로 집을 지으면 햇빛을 오래 받을 수 있어 따뜻하지요. 지금도 주택이나 아파트를 지을 때, 남향으로 지으려고 노력하는 것도 같은 이유예요.

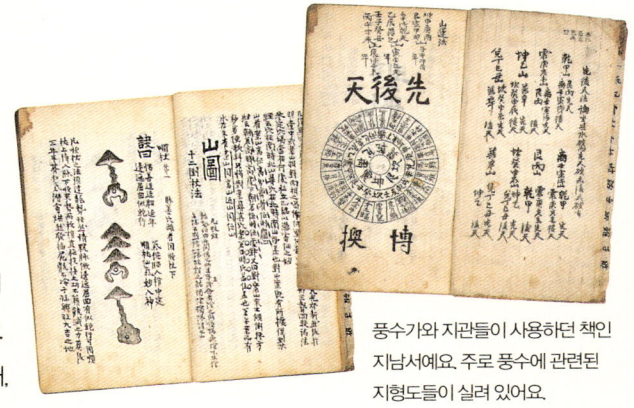

풍수가와 지관들이 사용하던 책인 지남서예요. 주로 풍수에 관련된 지형도들이 실려 있어요.

집터나 무덤 자리를 보러 다닐 때 갖고 다니던 윤도예요. 가운데 바늘이 움직이는 원리는 나침반과 같아요. 볕이 잘 드는 좋은 자리를 찾기 위해 사용하던 도구예요. 가운데 윤도는 중국에서 만들어진 뒤, 조선으로 전해진 것으로 보여요.

이렇게 자리를 잡고 지은 조선 시대의 집을 한옥이라고 해요. 당시 즐겨 입었던 옷을 한복, 즐겨 먹었던 음식을 한식이라고 하듯이, 사람이 사는 집인 한옥은 우리 민족의 고유한 삶이 반영되어 있어 독특한 모양새를 자랑해요.

마루와 구들(온돌)이 동시에 있다는 점이 대표적이에요. 대청과 툇마루를 마루로, 안방과 건넌방을 구들로 만든 구조인 것이지요. 구들은 추운 북쪽 지방에서 발달한 움집에서 시작되었고, 마루는 습기가 많고 더운 지방의 오두막집에서 생겨난 거예요. 사계절이 뚜렷한 우리나라에서 더위만 막을 수 있도록 만들거나 추위만 막을 수 있도록 만든다면, 1년을 지내기가 쉽지 않을 거예요. 그래서 한옥은 이렇게 추위와 더위를 동시에 견디기 위해 구들과 마루를 결합하여 만들었어요. 이렇게 만들어진 한옥은 대부분 비슷한 모양새를 유지하며 전국으로 퍼져 나갔답니다.

## 온돌은 다른 나라에도 있을까요?

방바닥 전체를 데우는 온돌은 우리나라 고유의 난방 방법으로 다른 나라에서는 찾아보기 힘들어요. 고구려 때에도 온돌을 사용한 흔적이 발견되기는 하지만, 이때 온돌은 쪽온돌이라고 해서 방바닥 전체를 데우는 것이 아니라 한쪽 구석에만 온돌을 설치하는 방식이었어요. 그러다가 점차 방바닥 전체의 구들을 데우는 온돌로 발전하지요.

그런데 온돌로 난방을 하면 땔감이 많이 들기 때문에, 누구나 손쉽게 이용할 수는 없었어요. 고려 시대만 해도 온돌을 이용한 난방은 극소수의 귀족들만 할 수 있는 사치였는데, 이것은 조선 전기까지 마찬가지였답니다. 온돌은 조선 후기가 되면서 전국적으로 퍼져 나갔어요. 한옥이면 어느 집이나 온돌로 난방을 해결하게 된 거예요.

아파트가 우리나라에 처음 들어왔을 때에는 공기만 데우는 서구식 난방 장치를 사용했어요. 요즘처럼 따끈한 방바닥이 없었던 거예요. 하지만 이런 방식이 우리에게 맞지 않는다는 것을 알게 되었지요. 그래서 온돌을 설치하는 한국식 아파트 문화가 생겨났어요. 오늘날 온돌을 이용한 난방 장치는 한국뿐 아니라 세계적으로도 주목을 받고 있다고 해요.

왼쪽은 고구려 오녀산성의 온돌 유적이에요. 오른쪽은 아파트에서 사용하던 서구식 난방 장치인 라디에이터예요.

# 사람의 혼이 담긴
# 사상과 예술

예나 지금이나 가장 중요한 것이 한 가지 있어요.
이것은 시간이 흘러 시대가 변해도,
잘살건 못살건 변하지 않는 것이랍니다.
이것은 바로 '사람'이에요.
조선 시대에도 사람을 나라의 기본으로 생각했어요.
과학도, 문화도, 사상도, 전통도
결국은 사람에서 사람으로 전해지는 것이니까요.
그러면 조선 시대 사람들을 함께 만나 봐요.

## 우리 말을 하고, 우리 글을 써요

아주 오래 전인 삼국 시대부터 고려 시대까지 우리 조상들은 우리말을 표현하기 위해 중국의 문자인 한자를 사용했어요. 만약 지금까지 계속 한자를 사용했다면 어땠을까요? 어휴, 그러면 어려운 한자를 전부 다 배워야 한다는 거잖아요?

하지만 다행스럽게도 조선 시대에는 세계에서 가장 독창적인 문자가 발명되었어요. 이 때 만들어진 한글은 사람이 말하는 소리를 기호로 나타낸 글자예요. 또 신체의 발음 기관과 천·지·인의 모양을 따서 만든 자음과 모음이 초성, 중성, 종성으로 어우러진 과학적인 글자이지요. 천·지·인이 낯설지가 않다고요? 맞아요. 이 책의 차례 부분을 보세요. 차례가 조선의 하늘과 땅, 사람으로 나뉘어 있지요? 조선 시대에는 세상을 천·지·인으로 바라보았던 거예요.

어려울 난

한글이 발명되기 이전에 우리나라, 일본, 베트남 등 여러 나라에서는 한자를 공동 문자로 사용했어요. 그러다 보니 하는 말과 쓰는 글이 달라서 매우 불편했지요.

그래서 사람들은 말과 글이 서로 다른 불편함을 없애려고 노력했어요. 한자를 빌려 우리의 고유한 말을 적어 보기도 하고, 한자에다 우리말의 조사나 어미 등을 붙여서 뜻이 통하도록 만들어 보기도 했어요. 또 아예 한문을 우리말 어순으로 바꾸고 조사나 어미 등을 보충한 우리식 한문인 '이두'를 사용하기도 했지요. 하지만 이런 노력도 모두 우리말을 표현하는 데에는 어렵고 불편했어요. 그래서 널리 쓰이지 못하고 잠깐 동안만 사용하다가 결국 없어져 버렸어요.

### 한글을 한문으로 설명했다고요?

위쪽이 『훈민정음 해례본』이고, 아래쪽이 『훈민정음 언해본』이에요. 『훈민정음 해례본』은 훈민정음이 만들어진 원리를 설명하는 한문으로 된 책인데, 1940년 경상북도 안동에서 발견되었어요. 이 책이 발견되기 전까지 한글을 사용하면서도 그 원리를 아는 사람은 거의 없었답니다. 『훈민정음 해례본』이 발견되면서 한글의 우수성을 널리 알릴 수 있게 된 거예요. 『훈민정음 언해본』은 『훈민정음 해례본』의 내용을 한글로 옮겨 놓은 책이에요. 그런데 왜 한글을 설명한 책을 한문으로 만들었냐고요? 조선 초기 지식인들이 전부 한문을 사용했기 때문이지요.

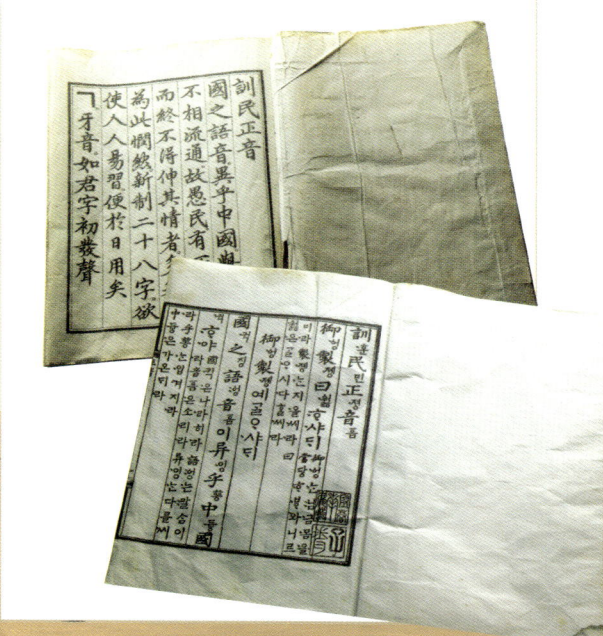

이런 사실들을 잘 알고 있던 세종대왕은 한글을 발명했어요. 사실 한글은 세종대왕이 처음 만들었을 때, '백성을 가르치는 바른 음(훈민정음)'이라는 명확한 목표가 있답니다. 즉 백성들이 쉽게 배울 수 있도록 한글을 만든 거예요. 덕분에 어려운 한문을 배우지 못했던 백성들도 한글로 소식을 전할 수 있게 되었어요. 또 관리들과 백성들 사이에 의사소통이 가능해지고, 나아가 당시 양반들이 쓰던 한문의 우리말 표기도 통일할 수 있었어요. 세종대왕은 훈민정음으로 임금과 백성이 서로 단단하게 연결되기를 원했던 것이지요.

흔히 한글은 세종대왕과 집현전 학사들이 함께 만들었다는 것이 일반적인 설명이에요. 세종대왕의 명에 따라 집현전 학사인 학자들이 한글을 만들었다는 거예요. 하지만 당시 한글을 만든 기록을 살펴보면 이에 대한 정확한 증거는 없어요. 오히려『세종실록』의 한 부분을 보면 세종대왕이 직접 한글을 만들었다는 기록이 나오지요. 이것을 어떻게 봐야 할까요? 정말 세종대왕이 홀로 한글을 만든 것일까요?

집현전 학사들이 한글 만드는 작업에 참여한 기록이 있어요. 하급 관리들을『운회』라는 책의 한글 번역 사업에 동원했다는 내용이에요. 하지만 이것도 당시 집현전 책임자였던 최만리가 반대를 했다고 기록되어 있지요.

따라서 현재까지 밝혀진 사실로 볼 때, 한글은 세종대왕이 직접 만들었던 것으로 보여요. 도움을 받았다면, 세종대왕의 아들인 세자(후에 문종)와 수양대군(후에 세조)의 도움 정도였을 것으로 추측하고 있답니다.

## 조선 최고의 연구 기관은 어디일까요?

세종대왕이 인재를 모아 새로운 학문과 문화를 만들었던 집현전은 조선 초기 연구 기관이에요. 그렇다면 조선 후기에 집현전에 견줄 수 있는 곳에는 어떤 것이 있을까요? 그것은 바로 규장각이에요. 규장각은 정조가 만들고, 조선 후기 문화의 핵심적인 역할을 했던 기관이에요.

이 규장각을 중심으로 조선 후기에 새로운 문화가 일어나요. 조선 시대를 통틀어 가장 유명한 화가인 단원 김홍도도 규장각에 소속된 화원이었고, 사검서라는 서얼 출신의 유명한 학자 4인방도 있었어요. 또 규장각에서 출판한 책은 '내각(內閣)'에서 만든 것이라고 하여 종이와 인쇄의 질이 우수하기로 유명했어요. 지금 봐도 며칠 전에 만든 책처럼 깨끗하지요.

이렇게 조선 초기와 후기를 대표하는 집현전과 규장각은 조선 시대 최고의 연구 기관이었어요. 사실 정조가 규장각을 만든 이유도 조선 초기 세종대왕이 만든 집현전을 염두에 두었던 것이랍니다.

1776년 정조의 명으로 김홍도가 그린 「규장각도」예요. 정조가 만든 규장각의 모습을 살펴볼 수 있어요.
국립중앙박물관 소장

집현전에서 공부하는 학자들의 모습을 그린 기록화 「집현전 학사도」예요.

경상북도 영주시에 있는 소수서원이에요. 1543년 처음 세웠을 때 이름이 '백운동서원'이었기 때문에 아직까지 백운동서원으로 불리기도 해요. 조선 시대에 첫 지방 사립 교육 기관으로 인정받은 유서 깊은 곳이랍니다.

## 선비들의 생각 속으로

조선의 선비들은 중국의 사상을 완전히 우리 것으로 만들었어요. 중국에서 들어온 사상을 토론과 논쟁을 통해서 더욱 깊고 다양하게 발전시켰답니다. 또 중국의 예절을 들여와서 그대로 받아들인 것이 아니라, 조선에 맞게 새롭게 고치기도 했어요. 그래서 중국과 달리 조선에서는 상례(장례식)가 특히 발달해서 여기에 관련된 책이 많이 남아 있어요.

또 조선의 선비들은 성리학을 주된 사상으로 삼았기 때문에 검소하고 소박한 문화를 소중히 여겼어요. 예를 들어 효를 가장 중요하게 생각하여 부모님이 돌아가신 후 묘지를 3년이나 지키면서도, 묘비는 화려하지 않은 조선만의 소박한 모양새로 바꾸었던 것이지요.

조선 시대 선비들이 쓰던 벼루에요. 청동으로 만든 벼루, 화려한 장식이 되어 있는 벼루, 밝은 색 벼루 등 여러 종류가 있었어요.

선비들이 갖고 다니면서 사용하던 휴대용 붓통과 먹물통이에요. 벼루와 연적, 먹을 무겁게 갖고 다닐 필요 없이 아무데서나 글을 쓸 수 있는 편한 물건이었어요. 지금 우리가 쓰는 볼펜과 비슷하다고 생각하면 될 거예요.

조선 시대 선비방의 모습이에요. 높은 벼슬을 지낸 양반의 방은 더욱 화려했을 거예요. 그런데 사진 속 방처럼 텔레비전이나 컴퓨터가 없는 데서 어떻게 지내냐고요? 대신 선비들은 책과 붓, 먹, 종이 등 문방사우를 가장 소중하게 생각해서 항상 옆에다 두고자 했어요. 게다가 조선 시대만 해도 책이 굉장히 값진 물건이었답니다. 아마 지금의 최신 컴퓨터보다도 훨씬 더 비쌌을 거예요.

먹을 갈 때 쓸 물을 담아 놓는 연적이에요. 왼쪽처럼 도자기로 만들어진 것, 오른쪽처럼 금속으로 만들어진 것 등 여러 종류가 있었어요.

# 그림으로 남긴 위대한 기록

조선 시대에 남긴 기록 가운데는 아주 훌륭한 것이 많아요. 대표적인 예로 『조선왕조실록』, 『승정원일기』, 『일성록』과 같이 매일매일 왕과 관료들이 어떻게 나라를 다스렸는지를 적은 기록이 있지요. 또 그 외에도 왕실이나 나라의 행사를 기록한 책도 있는데, 그 가운데는 지금의 사진책이나 그림책처럼 그림을 넣어서 보기 쉽게 만든 책도 있어요.

2011년 프랑스에서 돌아온 의궤가 바로 그 대표적인 책이에요. 의궤는 '의식의 궤범'이라고 풀이할 수 있는데, '의식'은 행사를 말하고, '궤범'은 표준적인 안내서라는 뜻이에요. 그러니까 어떤 행사를 할 때 이 책을 참고하여 그대로 행하기만 하면, 행사를 잘 치를 수 있다는 뜻이지요.

그런데 이런 의궤는 보통 한 부만을 만드는 것이 아니라 여러 부, 즉 5~8부를 만들어서 잃어버리지 않게 여러 곳에 나누어 보관해요. 그 가운데서도 특별히 왕이 보는 의궤는 같은 내용이라고 할지라도, 다른 곳에 보관하는 일반 의궤보다 훨씬 더 정성을 기울여 만들었어요. 그래서 다른 의궤보다 훨씬 고급스런 비단으로 책의 표지를 꾸미고, 그림에도 상당한 정성을 기울였지요.

『세종실록』에 이런 말이 나와요. '의궤는 단지 한 때에만 행해지도록 하는 것이 아니라, 실로 만세에 걸쳐 행해지도록 만든 것이다.'라고요. 조금 어려운 말이지요? 의궤는 한 번만 보려고 만든 것이 아니라, 아주 오랜 세월 동안 보면서 직접 실행에 옮기기 위해 만들었다는 뜻이에요. 실제 의궤를 보면, 긴 시간이 흘러도 충분히 알아볼 수 있도록 아주 잘 만든 책이라는 사실을 알 수 있답니다.

프랑스에서 반환된 외규장각 의궤의 표지예요.
왼쪽은 일반 의궤의 표지이고, 오른쪽은 비단으로
장정한 어람용 의궤의 표지랍니다.

『의소세손예장도감의궤』의 한 부분이에요.
세손이 입었던 옷과 모자가 상세하게 묘사되어 있어요.

영조와 정순왕후의 혼례를 기록한 『영조정순왕후가례도감의궤』의 한 장면이에요.

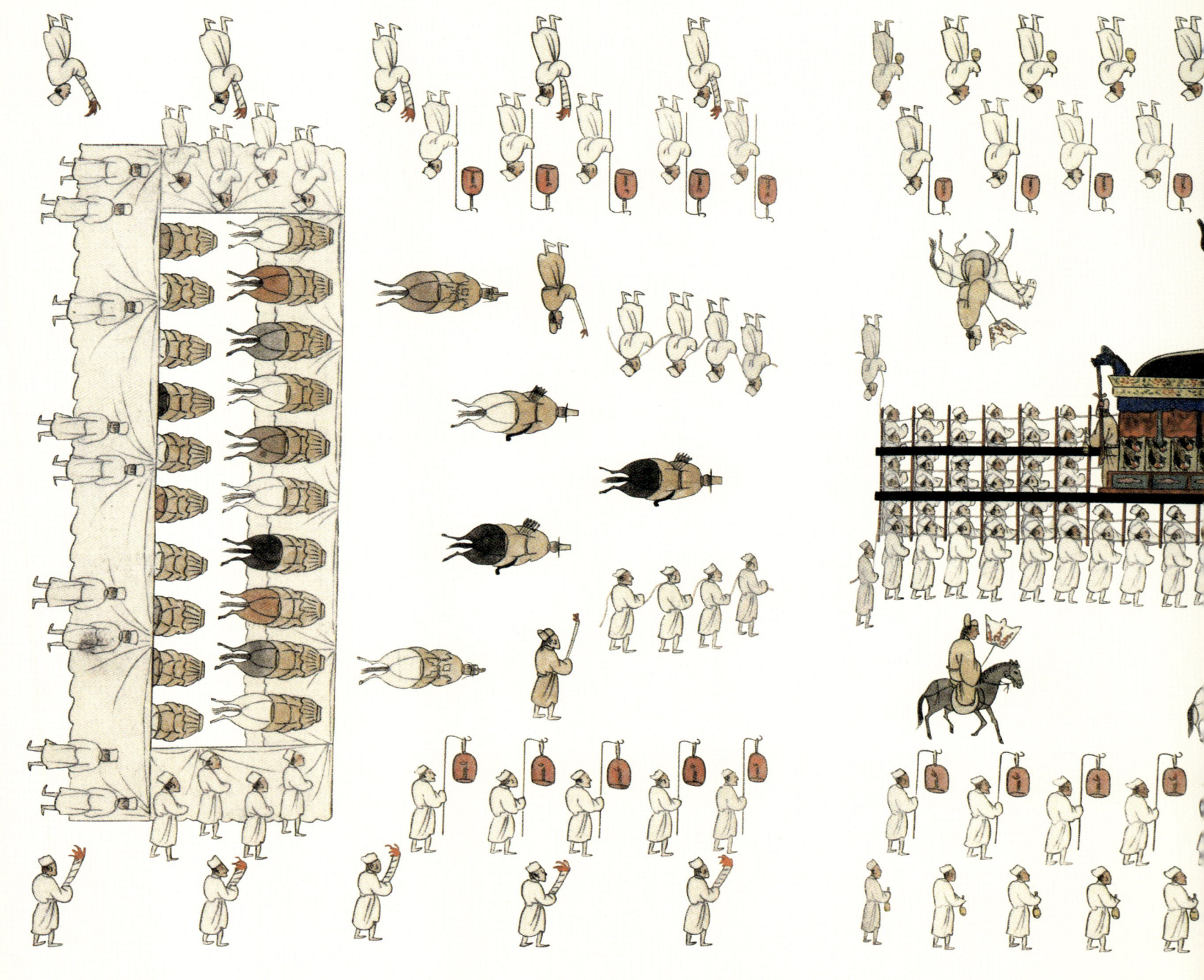

의궤의 그림을 보면 조선 시대에 행사를 어떻게 치르고, 어떤 옷을 입었는지, 또 사람들을 어떻게 표현했는지 잘 알 수 있어요. 예를 들어 다음의 두 의궤는 18세기의 전기와 후기를 대표할 수 있는 의궤의 그림이에요. 왼쪽의 그림은 숙종이 승하(왕의 죽음을 높여서 부르는 말)하자 나라의 장례인 국장을 치르기 위해 만든『숙종국장도감의궤』에 있는 그림이에요. 바로 숙종의 상여를 옮기는 장면을 그린 것이지요. 18세기 전반기인 경종 즉위년(1720년)에 그려진 것으로 질서 있게 상여를 옮기는 모습이 묘사되어 있어요. 특이한 것은 상여 뒤편으로 천막 안에 가리워진 채 말을 타고 가는 사람들이 있다는 점입니다. 이들은 울음을 전담하여 우는 여인들로서 '곡궁인'이라고 불렀어요.

아래 그림은『영우원천봉도감의궤』에 담겨 있는 그림이에요. 18세기 후반기인 정조 13년(1789년)에 정조의 친아버지인 사도세자의 무덤을 양주에서 수원으로 옮기면서 만든 의궤에 실려 있어요. 이 그림 역시 사도세자의 상여를 옮기는 장면이 묘사되어 있어요. 그런데 앞의 약 70년 전 그림에 비해 사람들의 모습을 훨씬 더 입체감 있고 다양한 방식으로 그려서, 보는 이로 하여금 왕실 행사의 위엄과 질서를 느낄 수 있도록 만들었어요. 문화가 발달한 정도에 따라 그림으로 표현하는 방법에 차이가 있었던 거예요. 이처럼 전부 비슷해 보이지만, 의궤는 그 시대의 문화와 과학 수준을 보여 주는 소중한 기록물이랍니다. 앞으로 의궤를 볼 기회가 있으면 그냥 지나치지 말고 장면 장면을 꼭 비교해 보세요!

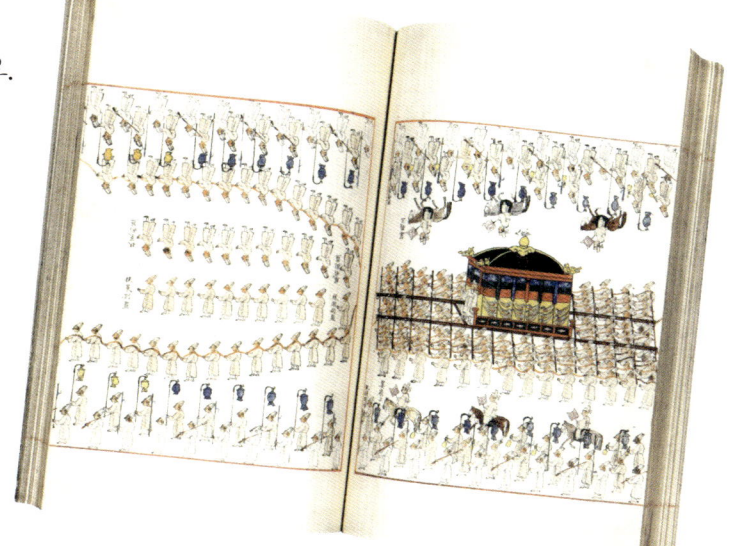

## 풍속화를 그리고 백자를 빚어요

조선 시대는 어느 때보다도 우리 고유의 문화를 많이 만든 시기예요. 대표적인 예로 겸재 정선의 금강산 그림을 들 수 있어요. 금강산이 우리 그림의 중요한 소재로 등장했다는 것은 중국의 산수를 모방하던 시기를 벗어나 우리네 것을 고유한 우리 문화로 만들어 낸 소중한 사례라고 할 수 있어요.

18세기 후반, 노년의 정선이 그린 「풍악내산총람도」예요. 뾰족하고 날카로운 돌산과 나무가 자라는 흙산의 균형잡힌 조화는 후세에 큰 영향을 미쳤답니다. 금강산을 종이가 아니라 비단에 표현한 그림이에요.

또 조선의 경치만 그리기 시작한 것이 아니라, 그림 속에 등장하는 인물들도 조선 사람의 모습 그대로 표현하기 시작했어요. 그래서 조선 사람들이 입었던 옷의 모양과 색깔을 그림을 통해서 알 수 있지요. 이런 그림들이 발전해서 풍속화가 되었어요. 풍속화의 대가가 바로 단원 김홍도예요. 김홍도는 당시 사람들이 생활하는 모습을 사진기로 찍듯이 그대로 그려 냈어요. 지금도 마치 그림 속에서 사람들이 그대로 튀어나올 듯해 보여요.

1711년 정선이 그린 「백천교」예요. 금강산을 그린 그림 모음집인 「풍악도첩」 안에 있는 그림 중 하나예요. 내금강에서 이야기를 나누고 있는 선비들의 모습을 찾아볼 수 있어요. 조선 시대 선비들이 어떻게 경치를 즐겼는지 상세히 알 수 있는 그림이지요. 국립중앙박물관 소장

김홍도의 풍속화 「무동」 중 소년의 모습이에요. 흥이 나서 춤을 추고 있는 소년의 모습이 무척이나 생동감 있게 느껴져요. 국립중앙박물관 소장

조선이 자랑할 수 있는 그림에는 또 초상화가 있어요. 초상화는 조선 후기 양반들, 특히 사대부들의 사진과 같은 것으로 그림 속 인물을 매우 사실적으로 묘사했다는 것을 알 수 있어요. 그래서 심지어는 얼굴에 남겨진 곰보 자국 같은 것도 볼 수 있어요. 하지만 단순하게 똑같게 그리는 것이 목표가 아니라, 그리는 인물의 인격과 성격까지 나타내는 것을 최종적인 목표로 삼았어요. 초상화를 보면서 그 사람의 인격까지 느낄 수 있기를 바랐던 것이지요. 이런 그림 그리는 방법을 '전신(傳神)기법'이라고 불렀어요.

또 특별한 점이 있어요. 실제 초상화를 그릴 때, 화면의 앞부분에만 색을 칠하는 것이 아니라 비단으로 된 화면의 뒷부분에도 색칠을 하는 방법이에요. 이렇게 칠하면 인물에 대한 느낌을 훨씬 더 부드럽고 자세하게 살릴 수 있어요. 이런 방법을 '배채법'이라고 하지요. 두꺼운 종이를 쓰는 서양 그림과 달리, 비단이나 한지를 사용하는 동양에서 발전한 독특한 방법이에요. 단순해 보이는 초상화지만, 알고 보면 인품을 중시하는 조선 시대의 철학이 듬뿍 담겨 있답니다.

일본 네즈 미술관에서 소장하고 있는 고려 시대 작품인 「지장보살도」예요. 배채법은 고려 시대 불화에서 조선 시대 초상화로 전해졌어요. 화려한 고려 불화에서 부드럽고 은은하게 인물을 표현하는 방법을 받아들인 것이지요.

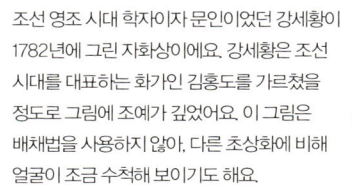

조선 영조 시대 학자이자 문인이었던 강세황이 1782년에 그린 자화상이에요. 강세황은 조선 시대를 대표하는 화가인 김홍도를 가르쳤을 정도로 그림에 조예가 깊었어요. 이 그림은 배채법을 사용하지 않아, 다른 초상화에 비해 얼굴이 조금 수척해 보이기도 해요.

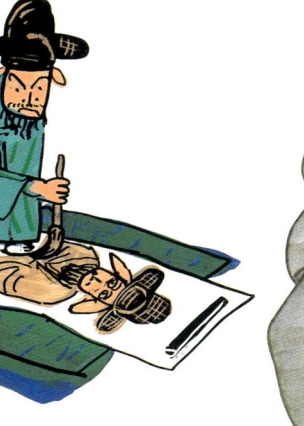

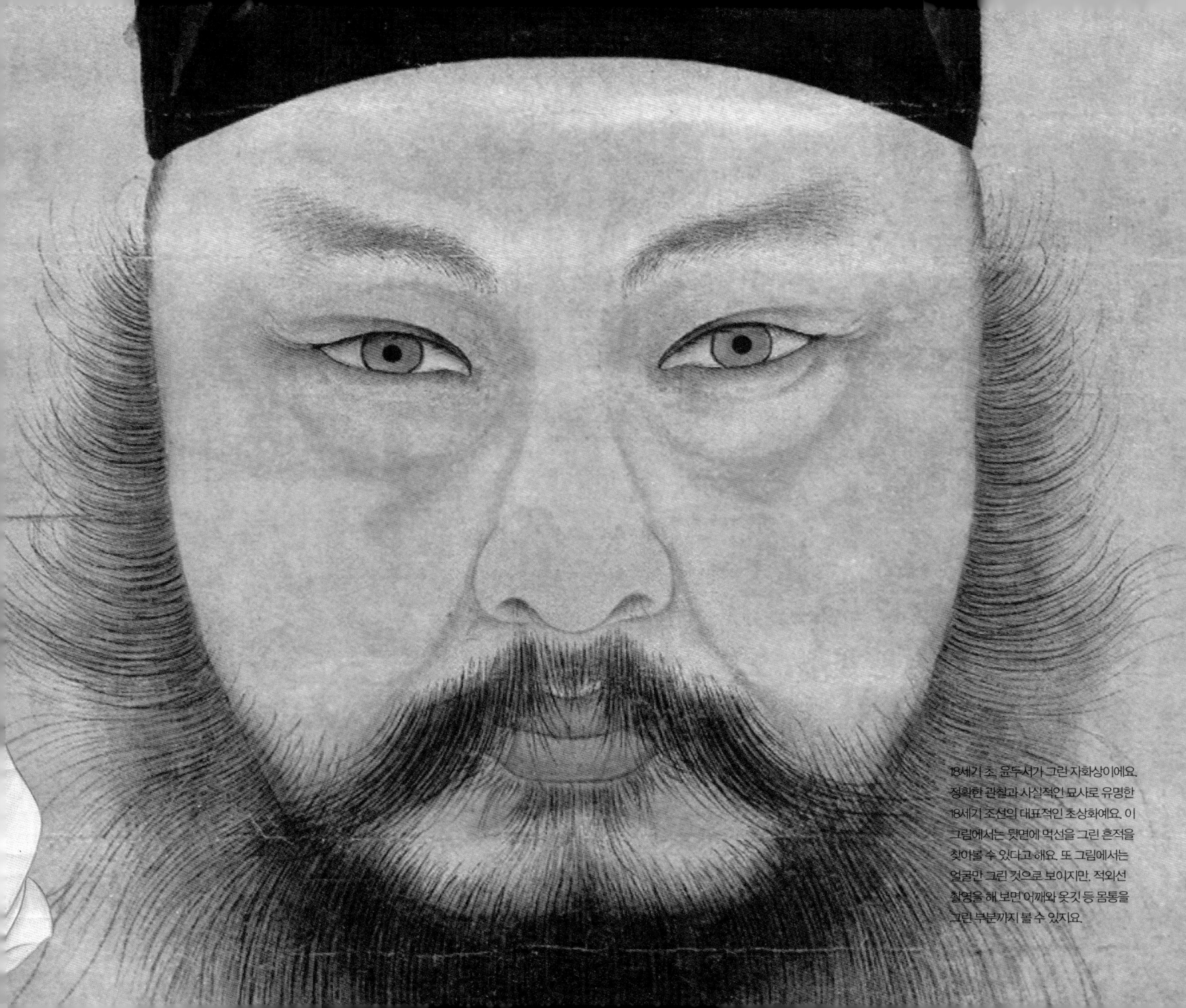

18세기 초, 윤두서가 그린 자화상이에요. 정확한 관찰과 사실적인 묘사로 유명한 18세기 조선의 대표적인 초상화예요. 이 그림에서는 뒷면에 먹선을 그린 흔적을 찾아볼 수 있다고 해요. 또 그림에서는 얼굴만 그린 것으로 보이지만, 적외선 촬영을 해 보면 어깨와 옷깃 등 몸통을 그린 부분까지 볼 수 있지요.

고려 시대에 가장 유명한 예술품에는 무엇이 있을까요? 그래요. 고려청자를 들 수 있어요. 그렇다면 조선 시대에는요? 조선이 자랑할 수 있는 대표적인 예술 문화로는 백자를 꼽을 수 있어요. 백자는 흔히 조선 선비의 검소하고 담백한 모습을 상징적으로 보여 주는 예술품으로 꼽히곤 해요.

앞에서 조선 시대 사람들은 중국에서 넘어온 사상을 더욱 발전시키고, 고유한 우리 것을 그리기 시작했다고 이야기했지요. 이와 마찬가지로 백자를 만드는 기술은 본래 중국에서 온 것이지만, 조선에서는 이를 한층 더 발전시켜 조선 사람의 마음을 담는 그릇으로 만들었어요. 그래서 중국에서도 찾아보기 힘든 독특한 모양의 백자와 두부 모양의 연적, 떡메 모양의 화병 등 조선 사람들이 좋아하는 다채로운 모양의 백자를 만들었답니다.

이렇게 백자가 발전할 수 있었던 이유는 영조와 같은 임금이 있었기 때문이에요. 영조는 궁중의 그릇을 만드는 관청의 책임자를 스스로 맡을 정도로 백자 만들기에 관심을 기울였거든요. 이런 지원이 백자 발전에 큰 밑거름이 되었던 거예요.

〈백자 청화 까치 호랑이 무늬 항아리〉예요.
우리에게 친근한 까치를 호랑이가
노려보고 있는 모습이 재미있어요.

조선 시대에 사용된 백자로 만들어진 연적들이에요. 다양한 모습의
연적들이 마치 장식품처럼 아기자기해요.

장식이 별로 없는 단순한 모양의
〈백자 청화 수복강녕 무늬 항아리〉예요.
화려하지 않은 모습이 오히려
조선 시대의 특징을 말해주는 듯 해요.

〈백자 청화 모란 무늬 주전자〉예요. 모란 옆의 박쥐는 복을 준다는 의미를 갖고 있지요.

〈백자 매화 대나무 새 무늬 항아리〉예요. 조선 선비들이 좋아하는 매화가 그려져 있어요. 국립중앙박물관 소장

〈분청사기 모란 무늬 항아리〉예요. 모란이 가득 그려져 있어 개성이 넘쳐 보여요. 국립중앙박물관 소장

〈백자 연꽃 당초 무늬 대접〉이에요. 당초는 덩굴풀을 가리키는 말이지요. 국립중앙박물관 소장

이 도자기의 이름은 무엇일까요? 〈백자 철화 끈 무늬 병〉이랍니다. 도자기를 묶던 끈을 그대로 그려 넣은 재미있는 병이에요. 국립중앙박물관 소장

# 풍속화 속 생활 엿보기

조선 시대 후기에는 많은 풍속화들이 그려져요. 특히 김홍도, 신윤복과 같은 화가들은 백성들의 생활을 있는 그대로 그려서 조선을 대표하는 화가로 불리게 되지요. 왕실과 관청의 일을 기록하는 것도 중요하지만, 백성들이 어떻게 사는지 그려서 남기지 않았다면 우리가 전통 문화를 이어받는 것이 쉽지 않았을 거예요. 그럼 조선 시대 사람들의 생활을 한번 엿볼까요? 국립중앙박물관 소장

김홍도의 「주막」이에요. 밥 먹는 모습이 생생하게 묘사되어 있어요.

김홍도의 「장터길」이에요. 『단원풍속화첩』에 있는 그림으로 배경 없이 인물 중심으로 표현되어 있어요.

김홍도의 「대장간」이에요. 표정까지 상세하게 묘사한 것을 보면 서민의 삶에 대한 작가의 애정을 느낄 수 있어요.

신윤복의 「거문고 줄 고르는 여인」이에요. 당시 여인들의 모습이 생생하게 드러나지요. 『여속도첩』에서 찾아볼 수 있어요.

신윤복의 「연당의 여인」이에요. 『여속도첩』이라는 그림집 안에 있는 그림이에요. 연당의 여인은 무슨 생각을 하고 있을까요?

김홍도의 「고누 놀이」예요. 조선 사람들의 놀이 문화를 엿볼 수 있답니다.

신광현의 「초구도」에 등장하는 개예요. 순간의 모습을 포착한 그림으로 19세기 작품으로 추측되지요.

## 놀이가 사람들을 하나로 묶어요

음악은 예전이나 지금이나 사람들의 마음을 풀어 주면서 화합하는 역할을 해요. 그래서 음악을 배우면 사람들이 조화를 이룰 수 있다고 여겨졌지요. 이러한 음악 가운데 조선 시대 들어 종묘에서 제사를 지낼 때 연주되던 '종묘제례악'은 중국의 아악을 우리의 실정에 맞게 바꾼 음악이에요. 아악은 중국에서 건너온 중국 음악인데, 고려 때부터 주로 궁중에서 사용되었어요. 세종 시기에 우리 음악인 향악과 결합하여 새로운 퓨전 음악인 종묘제례악으로 탄생한 것이지요. 이런 독창성을 인정받아 우리나라 중요 무형문화재 1호로 지정되었고, 2001년에는 유네스코 세계 무형문화유산으로 선정되었어요.

종묘제례악 연주 장면이에요. 종묘제례악은 연주뿐만이 아니라, 노래와 춤이 어우러지는 종합적인 음악이랍니다.

정조 시절, 왕이 수원 화성에 행차하던 행사를 그림으로 남긴 『화성능행도병』 중 「봉수당진찬」이라는 그림이에요. 한창 무르익은 잔치를 묘사하고 있는데, 당시 궁중에서 벌어지던 악공들의 연주와 무용수들의 춤을 살펴볼 수 있어요.
국립중앙박물관 소장

궁중에 아악이나 종묘제례악과 같이 예를 갖춘 음악이 있었다면, 백성들 사이에는 민속악이 있었어요. 민속악에는 산조, 시나위, 무악(무속 음악), 민요, 잡가, 판소리 등 다양한 음악들이 있었어요. 이들은 대체로 조선 후기에 형성되어 지금까지도 이어지고 있답니다.

그 가운데에는 일반 서민들뿐 아니라, 양반들 사이에서도 크게 유행하게 되는 판소리와 같은 음악도 생겨났어요. 신분을 가리지 않고 모두가 참여하는 민속악도 있었던 거예요.

민속악보다 더 대중적이면서, 현실을 풍자하는 모양새를 갖춘 공연들도 있었어요. 무당굿놀이, 꼭두각시놀음, 발탈, 탈놀이(가면극) 등 주로 민속극이라 불리는 놀이들이지요.

이 중에서 무당굿놀이는 무당이 하는 굿 안에 포함된 하나의 연극이에요. 또 꼭두각시놀음과 발탈은 대부분 '사당패'라고 불리는 놀이패들에 의해 공연되었는데, 놀이패는 주로 놀이를 하는 재주를 팔아서 먹고 사는 천민들로 이루어져 있었어요. 사당패들이 공연하던 꼭두각시놀음은 공연하는 사람들의 기막힌 처지를 표현한 가면극이고, 발탈은 놀이하는 사람의 발에다 탈을 씌워 인형처럼 움직이게 하는 인형극이었어요.

이런 민속극 가운데서 가장 발전된 놀이는 누가 뭐래도 탈춤이에요. 탈춤은 보다 낮은 계층의 사람들이 현실을 비판하고 풍자했던 놀이예요. 원래는 황해도 지방의 탈놀이를 일컫는 말이었지만, 지금은 오광대놀이, 들놀음 등 여러 가지 놀이를 포함하는 대표적인 말이 되어 버렸지요.

탈춤은 경북 안동 하회 마을의 '하회별신굿탈놀이'처럼 농촌에서 열리는 경우도 있었어요. 하지만 이 경우에는 마을 내에서 놀이를 하는 것이라서 양반이나 지배층에 대한 과감한 비판이 어려웠지요. 당장 내일부터 또 얼굴을 봐야 하는데, 아무리 놀이지만 심하게 놀리기는 어렵지 않겠어요?

이에 비해 한양 주변의 양주나 송파와 같은 상업 중심지에서 하는 탈춤은 훨씬 과격했어요. 농촌의 탈춤에 비해 특권층에 대한 비판 의식도 더 높았답니다.

탈춤, 판소리, 사물놀이, 무당굿, 인형놀이. 우리가 전통이라고 부르는 민속 문화들이에요. 조선 시대 서민들이 즐기던 놀이들이 오늘날 우리의 전통 문화가 된 것이지요. 어때요? 이렇게 생각하니 지금 우리가 부르는 노래나 신나게 추는 춤이 한 이백 년 후에는 우리네 전통이 될 수도 있을 것 같네요.

물론 여기에는 조선 시대 사람들이 외국 문화를 받아들여 우리만의 새로운 문화로 다시 만들어 낸 것처럼, 우리만의 개성과 생각이 드러나야 하겠지요. 아마 이것이 오늘날 '한류'라 불리는 문화 현상의 참모습이 아닐까요?

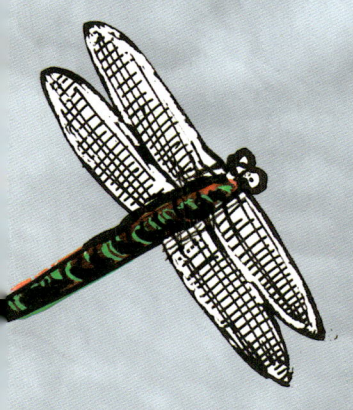

# 조선으로의 시간 여행을 마치며

2008년은 중국 베이징에서 올림픽이 열렸던 해예요. 이때 함께 응원했던 사람들 중 가장 연세가 많으신 분은 언제 태어나셨을까요? 놀라지 마세요. 1890년대에 태어나신 분이에요. 1890년대에 우리나라 이름이 무엇이었을까요?

지금처럼 '대한민국'이었을까요? 아니에요. 바로 '조선'이었답니다.

이처럼 조선은 아주 오래 전에 있었던 먼 나라가 아니랍니다. 우리는 조선 시대에 태어난 사람들과 함께 살고 있으니까요.

# 현재까지 이어지는 조선의 전통 문화

사실 아직까지도 조선이라는 나라 이름을 쓰고 있는 곳이 있어요. 한반도 휴전선의 북쪽에 있는 나라인 북한의 공식 명칭이 바로 '조선민주주의인민공화국'이거든요. 이 이름을 줄여서 부르면 바로 '조선'인 셈이지요. 그래서 북쪽에서는 남쪽을 부를 때 남조선이라고 불러요. 이에 비해 현재 우리나라의 공식명칭은 '대한민국'이에요. 줄여서 '한국'인 것이지요. 그래서 남쪽에서는 북쪽을 부를 때 북한이라고 불러요.

조선과 한국은 모두 우리 역사 속에서 거듭되어 사용된 나라 이름이에요. 어느 이름이 좋고 나쁘고 할 필요는 없어요. 대신 한반도가 통일이 되는 그날에는 조선과 한국을 넘어, 통일의 나라로서 남북한을 대표하는 새로운 명칭이 필요할 거예요.

이제 조선으로의 여행을 마칠 시간이 다가왔어요. 여러분이 앞에서 본 것처럼 조선은 사실 그리 멀리 있는 나라가 아니에요. 전통이 살아 숨 쉬던 나라이고, 지금도 여전히 우리가 쓰는 물건이나 먹는 음식 속에 살아 있는 나라이기도 하지요.

또 조선은 나름대로 백성들의 안정된 생활을 위해 노력했고, 사람들이 편안하게 즐기고 느낄 수 있는 문화를 많이 만들었어요. 어쩌면 그래서 현재 남아 있는 전통 문화 속에, 조선 시대에 만들어진 것들이 많은지도 모르겠어요. 훌륭한 전통을 물려준 조선 시대를 본받아서 우리도 좋은 문화와 역사를 만들어 후손에게 물려주도록

노력해야 하지 않을까요?

    우리가 지금 즐기고 있는 '한류'라는 문화 현상도 어떻게 보면 후손들에게 물려줄 수 있는 훌륭한 문화일 거예요. 이런 문화를 만들고 발전시키는 것이 우리 시대를 살아가는 큰 의미 중 하나일지도 모르겠네요.

    여러분들도 우리만의 문화를 전통으로 만들어 후손들에게 전할 수 있는 사람이 되기를 바라요. 그것이 체육이든 학문이든 음악이든 상관 없어요. 우리가 갖고 있는 자랑스러운 문화를 온전히 전할 수 있다는 것이 무엇보다 중요하니까요.

# 찾아보기

## ㄱ
간의 22, 23, 24, 25
갈두산 57
강도부지도 44
강세황 82
강진 52, 53
강화 52, 53, 63
경강부임진도 54
경상좌수영측우기 28
고려 10, 11, 13, 28, 42, 60, 63, 67, 70, 82, 84, 88
고창읍성 61
관상감 20, 23, 29
관천대 20, 25
구파발 55
권근 20
규장각 73
금영측우기 28
김홍도 73, 81, 82, 86, 87

## ㄷ
단원풍속화첩 86
대동여지도 46, 48, 50, 51
동국지도 44, 46
동궐도 26
동람도 44
동래 52, 53

동래부순절도 58

## ㅁ
마방 55
망진산 57
명나라 12, 13, 58
몽골 11
문종 29, 72

## ㅂ
배채법 82
백운동서원 74
백자 매화 대나무 새 무늬 항아리 85
백자 연꽃 당초 무늬 대접 85
백자 철화 끈 무늬 병 85
백자 청화 까치 호랑이 무늬 항아리 84
백자 청화 모란 무늬 주전자 85
백자 청화 수복강녕 무늬 항아리 84
백천교 81
병자호란 45, 59, 63
보신각 39
분청사기 모란 무늬 항아리 85

## ㅅ
삼년산성 60
삼전도비 59
서경 23

서북피아양계만리일람지도 44, 45
서수라 52, 53
선양 11
선추 35
성종 30
세조 44, 72
세종대왕 25, 72, 73
세종실록 72, 76
소간의 22, 24, 25
소수서원 74
송파산대놀이 53
수수호 36, 37
수어장대 59
수표교 31
승정원일기 76
신·구법천문도 23
신윤복 86, 87
신증동국여지승람 44

## ㅇ
아악 88, 89
앙부일구 33, 34, 35, 38
양주산대놀이 52, 53
여속도첩 87
영조 28, 30, 84
영화역 55
오녀산성 60, 67

요계관방지도 45
원나라 11
윤도 65
윤두서 83
의궤 76, 79
의주 52, 53
일성록 76
인조 59, 63
일정성시의 24, 25
임진왜란 30, 35, 45, 58, 60, 63

## ㅈ
자격루 36, 37
장영실 34, 36
전신기법 82
정남일구 34, 35
정선 80, 81
조선왕조실록 29, 76
조총 58
종묘제례악 88, 89
준천시사열무도 30
지남서 64
지장보살도 82
집현전 72, 73

## ㅊ
천상열차분야지도 18, 19, 20, 22, 23

천자총통 58

천평일구 34

청구도 46, 51

청나라 59

## ㅋ

카스텔리 26

## ㅌ

토르퀘툼 22, 23

## ㅍ

파수호 36, 37

평해 52, 53

풍기대 26

풍악도첩 81

풍악내산총람도 80

풍운기 29

## ㅎ

해미읍성 61

향약 88

현주일구 34

혼일강리역대국도지도 42

혼천의 22, 23, 25, 26

화녕 12

황자총통 58

### 사진 자료 사용에 협조해 주신 곳

간송미술관 : 풍악내산총람도(80)

고려대학교박물관 : 동궐도(26),
해동팔도봉수산악지도(56)

국립경주박물관 : 백화 청자 까치 호랑이 무늬 항아리(84)

국립민속박물관 : 신구법천문도(22)

국립중앙박물관[중박201202-787] :
천상열차분야지도(19), 죽제상아장척(29),
건륭육년진유척(29), 철제은상감척(29),
수선전도(38~39), 도성도(47), 대동여지도 책
펼침(50), 대동여지도 부분(50), 대동여지도
목판(51), 대동여지도 지도표(51), 규장각도(73),
백천교(81), 김홍도의 무동(81), 백자 끈 무늬
병(85), 백자 매화 대나무 새 무늬 항아리(85),
백자 연꽃 당초 무늬 대접(85), 분청사기 모란
무늬 항아리(85), 김홍도의 주막(86), 김홍도의
대장간(86), 김홍도의 장터 길(86), 김홍도의
고누 놀이(87), 신윤복의 연당의 여인(87),
신윤복의 거문고 줄 고르는 여인(87), 신광현의
초구도(87), 김득신의 화성능행도병 중
봉수당진찬(89)

규장각 : 준천시사열무도(30), 한양도(33),
요계관방지도(44), 경강부임진도(54),
도성도(65)

김헌수 : 오녀산성(60), 오녀산성 온돌(67)

서울대학교박물관 : 도연(75),
자석연(75), 동연(75), 묵즙호(75),
동제연적(75), 청화백자연적[278](75),
연적(75), 청화백자연적[279](84),
청화백자연적[280](84),
청화백자연적[281](84), 청화진사백자연적(84),
백자 청화 수복강녕 무늬 항아리(84), 백자 청화
모란 무늬 주전자(85)

서울대학교중앙도서관 : 강도부지도(44)

성신여자대학교박물관 : 대동여지도
펼침(48~49)

서울역사박물관 : 천지도(23), 혼천의 그림(23),
앙부일구(35), 선추 해시계(35), 지남서(64),
윤도[조선, 목재](64), 윤도[중국, 목재](64),
윤도[조선, 상아재](68)

신라역사과학관 : 신라시대 물시계 복원화(36)

육군박물관 : 동래부순절도(58), 천자총통(58),
황자총통(58)

전쟁기념관 : 13mm 조총(58)

### 사진을 제공해 주신 곳

게티 이미지, 뉴스뱅크, 시몽 포토, 연합뉴스,
유로크레온, 토픽 포토, 포인스, Wikimedia
Common

▫ 이 책에 사용한 사진은 박물관과 저작권자의
허가를 받아 사용하였습니다.

▫ 허가를 받지 못한 일부 사진에 대해서는
저작권자가 확인되는 대로 게재 허락을 받고
사용료를 지불하겠습니다.

**웅진주니어**

어린이박물관 조선

초판 1쇄 발행 2012년 3월 5일
초판 15쇄 발행 2023년 11월 24일

글쓴이 정재훈 | 그린이 조은영 | 디자인 달뜸창작실, 이인옥

발행인 이재진 | 도서개발실장 안경숙 | 편집인 이화정 | 책임편집 한재준 | 편집 길유진 | 기획 강응천 | 마케팅 정지운, 박현아, 원숙영, 신희용, 김지윤, 황지영 | 제작 신홍섭

펴낸곳 (주)웅진씽크빅 | 주소 경기도 파주시 회동길 20 (우)10881
문의전화 031)956-7403(편집), 031)956-7069, 7569, 7570(마케팅)
홈페이지 www.wjjunior.co.kr | 블로그 blog.naver.com/wj_junior | 페이스북 facebook.com/wjbook | 트위터 @new_wjjr | 인스타그램 @woongjin_junior
출판신고 1980년 3월 29일 제406-2007-00046호 | 제조국 대한민국

글 ⓒ 정재훈, 2012(저작권자와 맺은 특약에 따라 검인을 생략합니다.)
ISBN 978-89-01-13608-0 (73910)

웅진주니어는 (주)웅진씽크빅의 유아·아동·청소년 도서 브랜드입니다.
이 책은 저작권법에 따라 보호받는 저작물이므로 무단전재와 무단복제를 금지하며,
이 책 내용의 전부 또는 일부를 이용하려면 반드시 저작권자와 (주)웅진씽크빅의 서면 동의를 받아야 합니다.

잘못 만들어진 책은 바꾸어 드립니다.
※주의 1_책 모서리가 날카로워 다칠 수 있으니 사람을 향해 던지거나 떨어뜨리지 마십시오. 2_보관 시 직사광선이나 습기 찬 곳은 피해 주십시오.
웅진주니어는 환경을 위해 콩기름 잉크를 사용합니다.

* 일러두기
– 본문에 나오는 캐릭터는 독자의 이해와 흥미를 위해 사용한 것입니다.
– 띄어쓰기와 맞춤법은 국립국어원의 표기법을 기준으로 삼았습니다.
– 외국 인명과 지명은 국립국어원의 〈외래어 표기 용례집〉을 따랐습니다.